ジム・ロジャーズ
世界的投資家の
思考法

講談社

JN047010

はじめに

この本の取材をシンガポールの自宅で最初に受けたのは、２０２０年2月だった。ＷＨＯ（世界保健機関）が、新型コロナウイルスのパンデミック（世界的大流行）を宣言する前のことである。

じつは、私は中国の国境が封鎖される直前の２０２０年1月、新型コロナウイルスの発生源として注目された中国湖北省武漢市に1泊2日で滞在して、１０００人ほどの聴衆を前に講演をしていた。当時、すでにウイルスのことはわかっていたので、講演はキャンセルされるかと思っていたが、私を招待してくれた保険会社は「大丈夫です」と言ったので、私は武漢へ行ってスピーチした。今となれば、もう若くはない私が武漢へ行ったことは危険だったかもしれないと反省しているが、幸いにもこうして私は生きているのだから、ラッキーだったのだろう。

その事実をすでに知っていた日本から来た取材陣は、私が咳払いをするたびに恐れているように見えた。そこで、私は非接触型体温計をもってきて、私の体温が平熱であることを証明してみせると、彼らはいくぶん安心していたことを思い出す。

しかし、そんな出来事も遠い昔のように感じられるぐらい、世の中はあっという間に大きく変わってしまった。

その後、世界中の国境は封鎖され、ヒトとモノの往来が止まった。２０２０年5月末時点で、世界の感染者は６２０万人、死者は37万人を超えた。私が住むシンガポールでも感染爆発は起こり、人口約５６０万人の小さな国にもかかわらず、感染者数は3万３０００人超に及んでいる。

世界中のテレビや新聞は、連日、新型コロナウイルスのニュースをこれでもかとばかりに流している。大衆はニュースに過剰反応するため、一時的にパニックに陥り、冷静さを失っているように見える局面もあった。それまで過去最高水準で推移していたダウ工業平均株価は暴落し、原油先物のＷＴＩ（ウエスト・テキサス・インターミディエート）は、4月20日に史上初めて「マイナス」になるという異常事態に陥った。

こうしたパニックは周期的に訪れるが、投資家として成功したいなら、どんな時も冷静でいなければならない。とはいえ、「冷静になれ」と言われて、冷静になれるほど簡単ではないのだが。

では、そのためにはどうすればいいのか。私は学生時代に「歴史」と「哲学」を専攻したが、そこで学んだことがその後の人生に大きく役立っていると感じている。

歴史は繰り返す。歴史書を読むことで、そのなかに隠されている歴史的教訓を学び、哲学書を読んで、ものごとに対する洞察力や考える力を養う。目先の動きに右往左往せず、その本質を見極めることが、投資で成功するための非常に強力な武器になるのだ。詳しいことは本編に譲るが、歴史や哲学を学び、日頃から将来の変化について考えていれば、大局観を磨かれ、未来が今まで以上に見通せるようになってくる。

19世紀は、自由貿易により市場開放が行われた。日本も世界も19世紀に市場を開放し、世界は繁栄した。第一次世界大戦後、実際は世界恐慌後だが、世界は市場を閉鎖し始めた。第二次世界大戦後、市場を閉鎖するのは良くないことがわかり、ＷＴＯ（世界貿易機関）が生まれ、市場が再び閉鎖されないよう世界は動いた。その後、50～60年、世界はどんどん市場を開放した。中国でさえ開放した。

一方で、１９３０年代に起きたことを覚えている人の多くは亡くなってしまった。つまり、市場閉鎖が第二次世界大戦へとつながったことを覚えている人たちはいなくなってしまったということだ。

もし、当時のことを覚えている人がいるなら、同じことが二度と起きないようにするだろう。しかし、世界経済の中心であるアメリカのトランプ大統領は当時を体験していない。当時を知らない人ばかりがいる今、「貿易戦争はいいことだ」という彼の主張をみな正しいことだと思ってしまっているのではないか。世界はどんどん市場を閉鎖する方向へと向かっているように見える。

それはいいことではないし、歴史的にみてもいいことではなかった。

人類はたくさんの間違いを犯すものだ。政治家もたくさんの間違いを犯してきたし、国も間違いを犯してきた。私だって、最初の結婚では恐ろしい間違いを犯した。

今、世界は市場を閉鎖するという間違いを犯そうとしている。人はグローバリゼーションで複雑化したために、市場を閉鎖して自国民を守ろうとしており、保護主義が台頭している。

それは正しいことではない。私は自由貿易と市場開放に賛成だが、これからは、さらに市場閉鎖が起きるだろう。状況が悪化したら、政治家はさらに市場閉鎖しようとするだろう。そうなると負のスパイラルが起き、状況はさらに悪化することになる。自由貿易や市場開放、文明の解放、移民政策の未来は明るくないだろう。

だからこそ、世界を広く知る必要がある。世界を知ることで、自国のことをより理解できるし、それはひいては自分を知ることにつながるからだ。自分は何に関心があり、どんなことに興味を持てるのか。そして、どんな強みがあり、どんな弱みがあるのか――もし、あなたが投資で成功したいのなら、自分を知り、理解する必要がある。

本書は、いつもよりも図表やデータなどを増やして、投資初心者や経済についてこれまであまり考えてこなかった人でも、直感的に世界がどう動いているかがわかりやすいように努力したつもりだ。世界の現実を知り経済を予測するひとつの手がかりになるだろう。

この本を読み終わったころには、世界は今とは異なる状況になっているかもしれない。早晩、コロナの「第2波」もやってくるだろう。それでも、自分を知り、他人を知る人なら、慌てふためくことなく、冷静に周囲を見渡して、自分で考え、行動することで、きっとうまく乗り越えられるはずだ。

本書がその成功のきっかけになることを願っている。

２０２０年５月

ジム・ロジャーズ

CONTENTS

ジム・ロジャーズ
世界的投資家の思考法

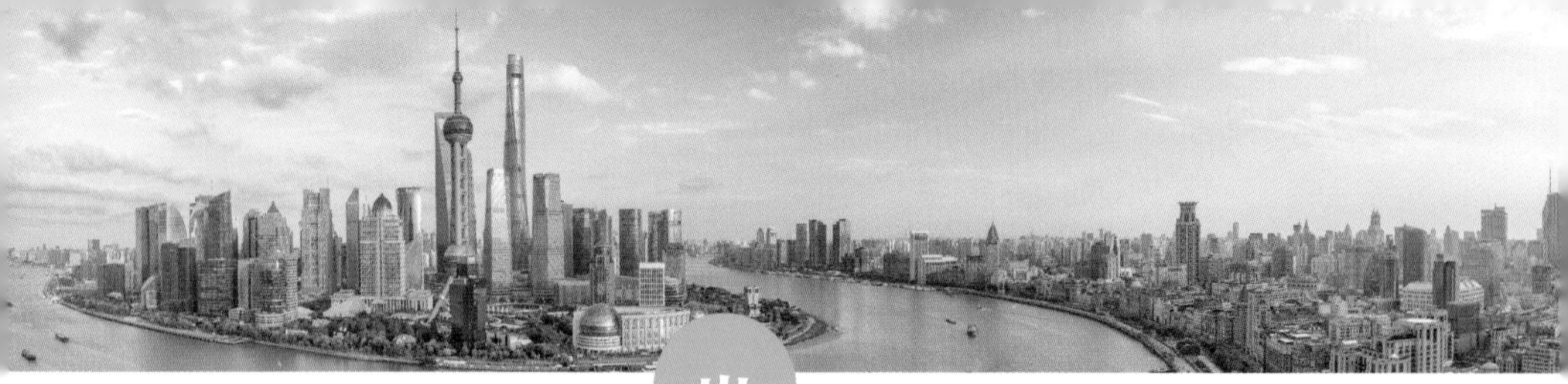

第2章

世界経済を読む5つのポイント

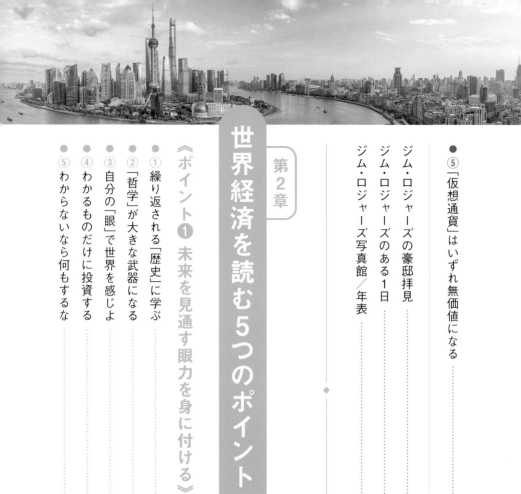

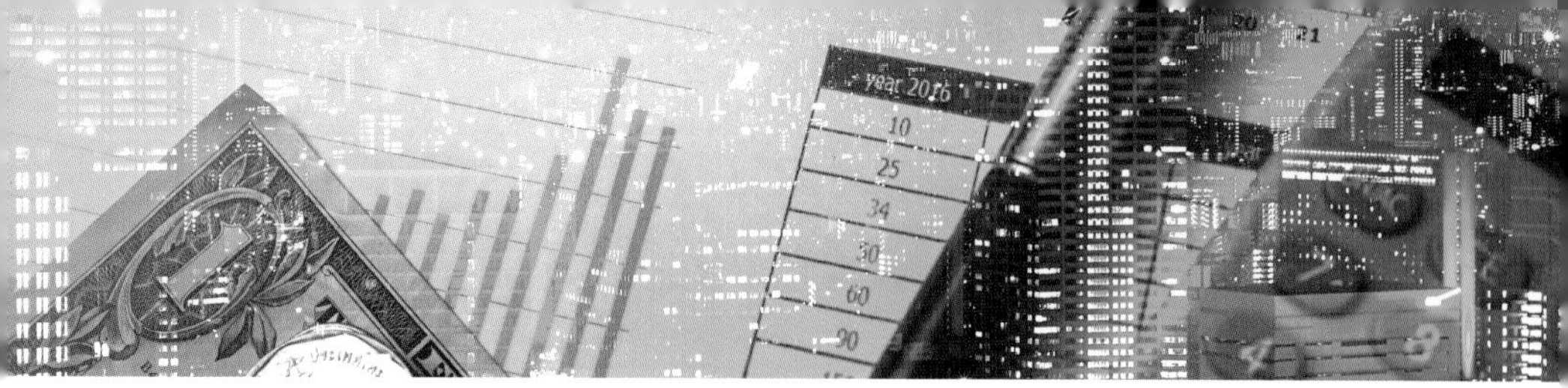

第3章 日本の危機を救う7つの処方箋

《いますぐ取り組むべき日本の課題》

《おことわり》
本書は2020年2月11～12日にシンガポールにあるジム・ロジャーズ氏の自宅で行ったインタビュー・撮影と、5月13日の追加取材を中心に、著者の既刊書などをもとに補足・構成したものです。

●撮影
原隆夫（Luxpho PTE Ltd.）
●取材・翻訳
飯塚真紀子
●取材・構成
清水友樹（有限会社バウンド）

（上）シンガポールの自宅の応接室でインタビューを受けるジム・ロジャーズ氏。（下）いつも仕事をしている書斎の一角には、自身の肖像画やオックスフォード大学で所属していたボート部時代の写真が飾ってある。

第1章

これから持つべき資産、持つべきでない資産

全世界がコロナショックで大きく揺れる中、ジム・ロジャーズは、どんな資産に注目しているのか。個人投資家が資産を増やすためにはどのような投資行動をとるべきか。持つべき資産だけでなく、持つべきでない〝危ない〟資産についても語る。

「ピンチはチャンス」という大原則

危機に備える私のポートフォリオ

▼ピンチの時こそ、次のチャンスを見据えて「投資」を考える

自然災害は恐ろしいが、「危機《ピンチ》」こそ機会《チャンス》になる。東日本大震災の津波は「危機」だった。だから私はさらに投資した。**災害や危機に関する記事を見たら、投資を考えることだ。いい投資家になりたいなら、「危機」を念頭に置いてほしい。**

中国も新型コロナウイルスが原因で危機に陥っている。近年、中国の株式市場はすでに軟調だったが、さらに落ちた。だから、もっと中国株を買おうと思っている。

産業別に見れば、エアラインの株価などは大きく下落している。さらなる感染拡大を避けたい各国がヒトの移動を制限することで、各航空会社は減便や運休を余儀なくされたからだ。世界中のエアラインの株価は大きく下落しているが、絶好の機会になっている可能性は高い。

私は自分のお金だけを投資している状態で、どこかにポートフォリオを報告する必要はないが、すでにロシア株をたくさん買っており、中国株を買い足そうと考えている。少し持っている韓国株は、北朝鮮が市場を開放したら買い足すつもりだ。日本株は、新型コロナが深刻化して大暴落した２０２０年3月に少し買った。

一方で、**米ドルを多く保有している。**問題が起きた場合は「より安全な避難場所」を探す。それが米ドルだ。過去にもそうだったように、状況が悪化すると、多くの人が米ドルを買う。コロナショック発生後に、米ドルがほとんどの通貨に対して高くなったのはその証左だ。ただ、米ドルには問題もある。アメリカは世界史上最大の債務国で、負債が毎年増加していることだ。それでも問題が起きれば、多くの人は米ドルを買う。そしてみんなが買い始めたら売ることを考えようと思っている。

危機は機会と心得る

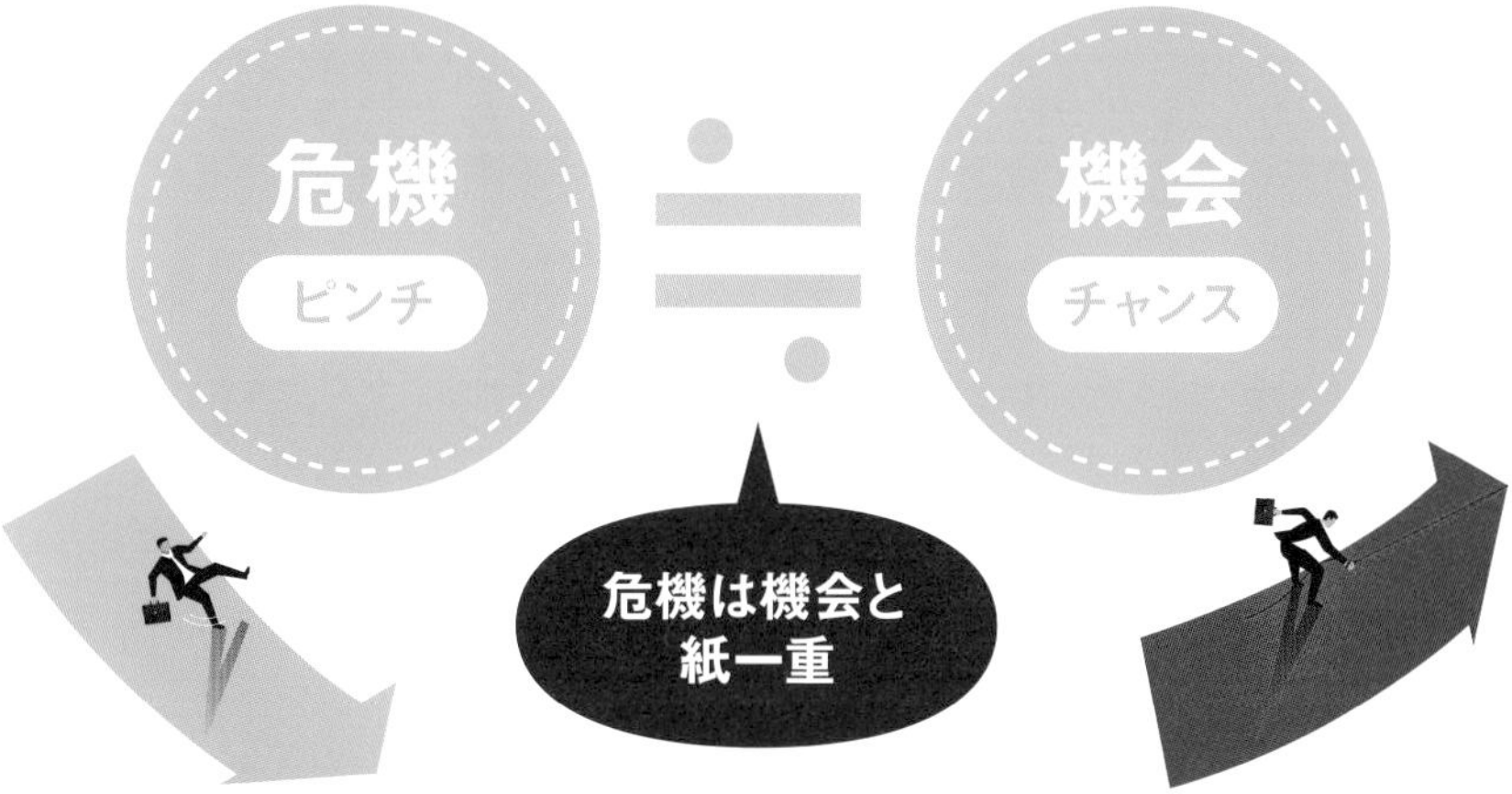
危機
ピンチ
機会
チャンス
危機は機会と
紙一重

ジム・ロジャーズが持っている主な資産

通貨

《米ドル》

投資する機会が訪れるまで、保有するのに最も適切な「米ドル」で多くの現金を保有。ただし、間違った通貨で現金を持てば、多くを失う可能性がある。

株式

《中国》

いくらかの中国株を保有しているが、観光や航空、農業といった最も打撃を受けているセクターの一部に投資する機会を待っている。

《ロシア》

ロシア株式市場は、コロナ前から大きく売り込まれており、機会が多い。とくに農業関連に注目しており、肥料会社の株式を保有している。

《日本》

2018年秋に日本株は売ったが、2020年3月に入り、船舶関連の銘柄を購入。しかし、日本経済の長期的な展望はネガティブだ。

Advice from Jim Rogers

「危機」はチャンスになるが、安全に避難したいなら「米ドル」がいい

「ピンチはチャンス」という大原則

資産を国外にシフトせよ

▼資産を守りたいなら、「日本」にだけこだわらず、海外にも目を向けよ!

多くの日本人は、これから述べる私の話に拒絶反応を示すかもしれない。たとえ受け入れたとしても少し時間がかかるだろうが、耳を傾けてほしい。あなたの老後を守るためのアドバイスだ。

もしあなたが日本で自宅を購入しているのであれば、売却して海外に移住するか、資金を移すことを私はすすめたい。とはいえ、保守的な日本人にとって、いきなり海外へ移住しろと言っても難しいことはわかっている。

そうであれば、その前のステップとして、**まずは日本で仕事を続けながら、短期でもかまわないので海外に滞在してみたらどうだろうか。**できるだけ早いうちに海外に身を置く経験をすることは、将来のあなたを助けることになるはずだ。これから、あなたは確実に年齢を重ね、高齢になれば身動きがとりづらくなっていく。そうなってからではもう遅い。

そして、**日本国内に円で資金を保有しているなら、なるべく早くその一部でも海外の投資商品に移すことだ。**

日本円には〝安全資産〟としてのイメージがあり、世界的な経済危機の局面においては買われることが多いが、日本は莫大な借金を抱えている国だ。日本政府が紙幣を刷り続ければ、日本円の価値は相対的に落ちる。そうなれば、今後、日本円の価値の下落は目に見えている。

そのような事態に対応するには、日本国外に投資しておくことだ。これなら海外移住までしなくても、日本にいながらできる。

日本で貯めてきた預・貯金と年金だけで老後を過ごそうと考えている人も多いかもしれないが、その考えは楽観的すぎる。

日米欧の家計の金融資産構成(2019年第1四半期)

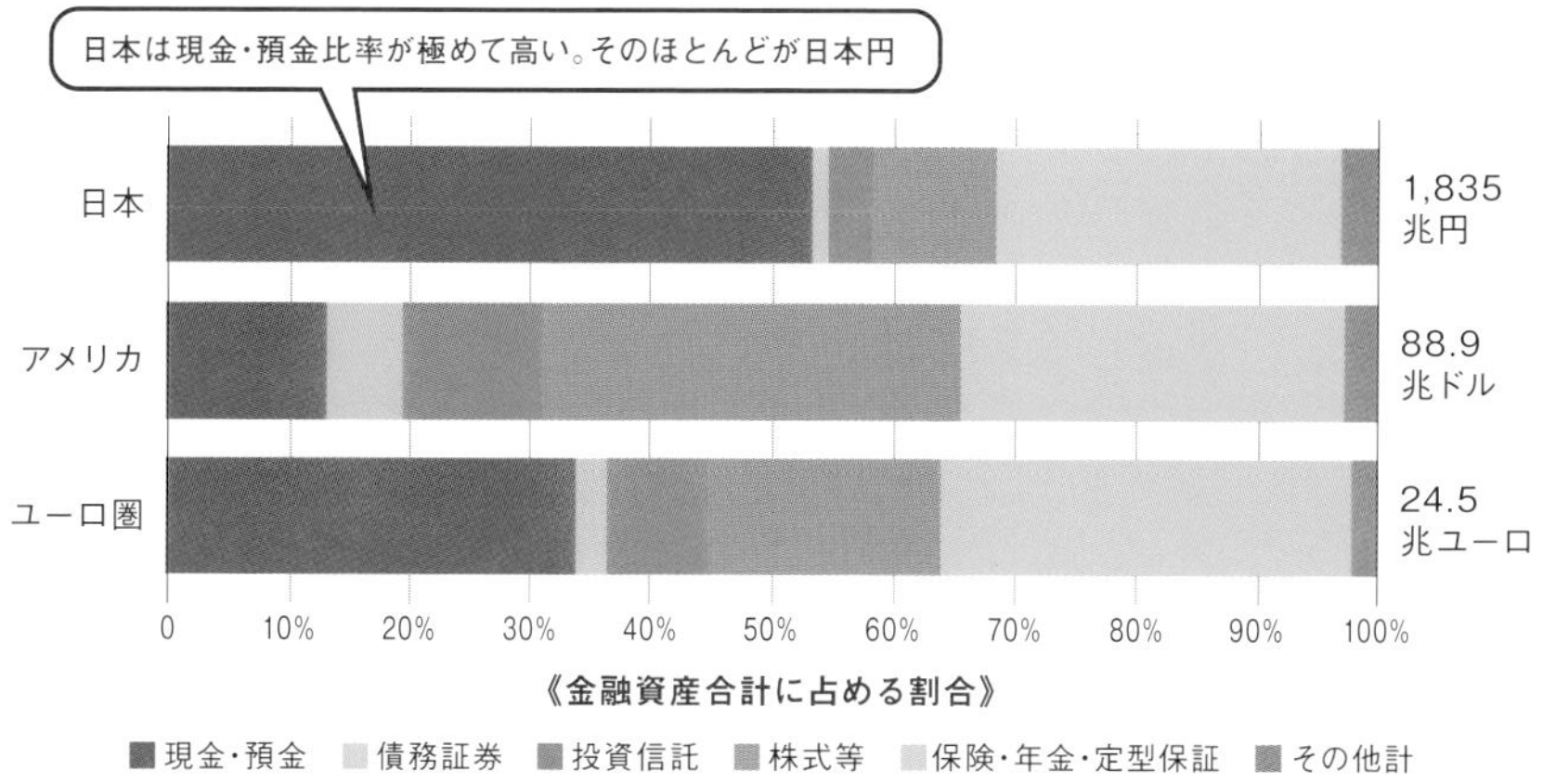

※「その他計」は、金融資産合計から、「現金・預金」、「債務証券」、「投資信託」、「株式等」、「保険・年金・定型保証」を控除した残差
出所:日本銀行調査統計局「資金循環の日米欧比較 」(2019年8月29日)

家計の外貨預金残高の推移

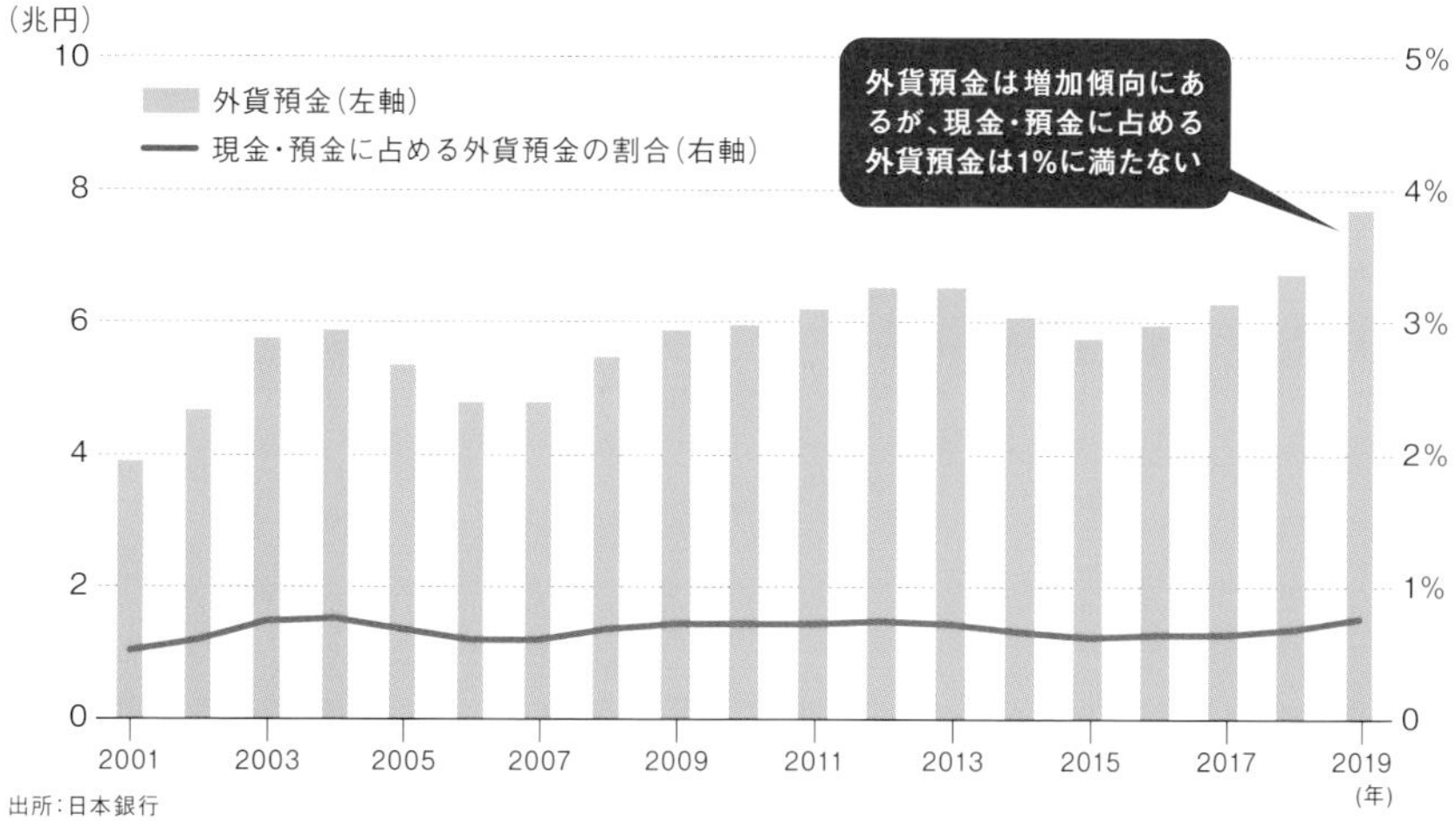

出所:日本銀行

年を重ねてからでは打ち手がなくなる!
なるべく早く日本人は海外に目を向けよ

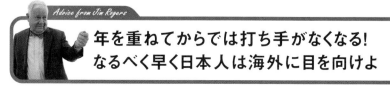

グローバルで期待できる産業

①ブロックチェーンは急成長する

▼２０３０年には自動車産業を大きく上回る産業規模になるという予測も

私はビットコインなどの仮想通貨には否定的な立場だが、**ビットコインの根幹の技術「ブロックチェーン」には素晴らしい未来があり、最も面白い分野だと思っている。**

取引記録をデータベース化したブロックチェーンは、私たちが知っているすべてを変え、変化させる。将来的にはブロックチェーンの登場によって、銀行などで働く多くの人が仕事を失うかもしれないが、自動車の登場によって馬車がなくなったように、これまでも新しいイノベーションが多くの人々の仕事を奪ってきた。それと同じことが起こるだけのことだ。

各国政府はブロックチェーンに対してすでに積極的な姿勢を示している。たとえば、デジタル人民元の発行が近いといわれている中国だ。２０１９年10月に行われた中国共産党中央委員会では、習近平国家主席が「ブロックチェーンを核心的技術の自主的なイノベーションの突破口と位置づけ、ブロックチェーン技術と産業イノベーション発展の推進を加速させよ」と述べた。すでに国を挙げた産業育成に舵を切り始めている。

今後は金融業界だけでなく、非金融業界にも応用が進むだろう。ブロックチェーンの本質は、情報の不正や改竄ができない信頼性にある。戸籍などもブロックチェーンを使ってオンラインシステム上で管理することで、さまざまな認証もできるなど便利な世の中になる。

この技術は大きく世界を変える可能性を秘めている。多くの人の職を奪う一方、多くの職も生み出すはずだ。今後は、ブロックチェーンや人工知能（ＡＩ）の知識を持つ者が成功することになるだろう。

ブロックチェーンのビジネス面の付加価値の予測

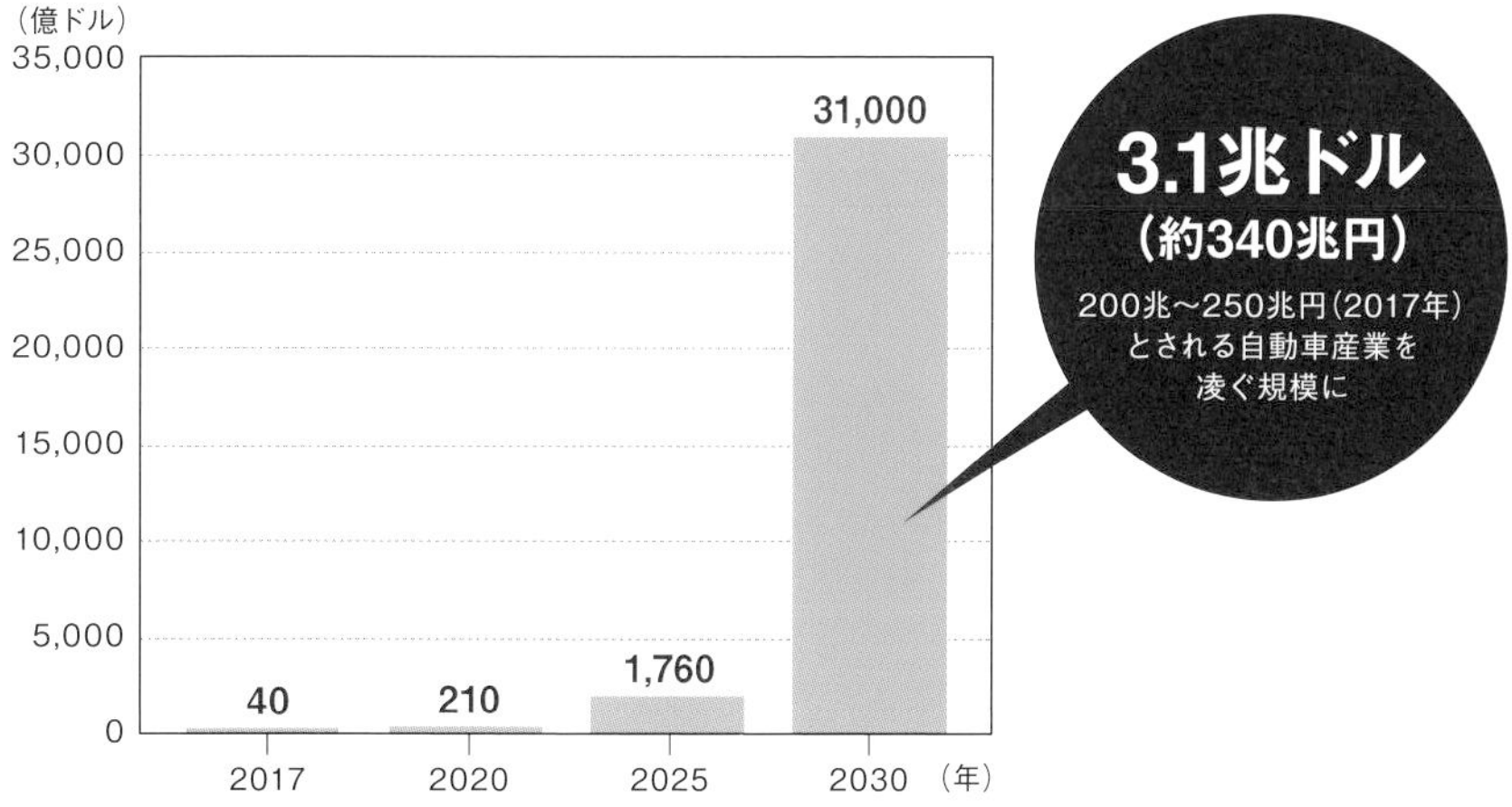

出所：Gartner「Forecast：Blockchain Business Value, Worldwide, 2017-2030」(2 March 2017)

どの国がブロックチェーンのリーダーと見なされているのか

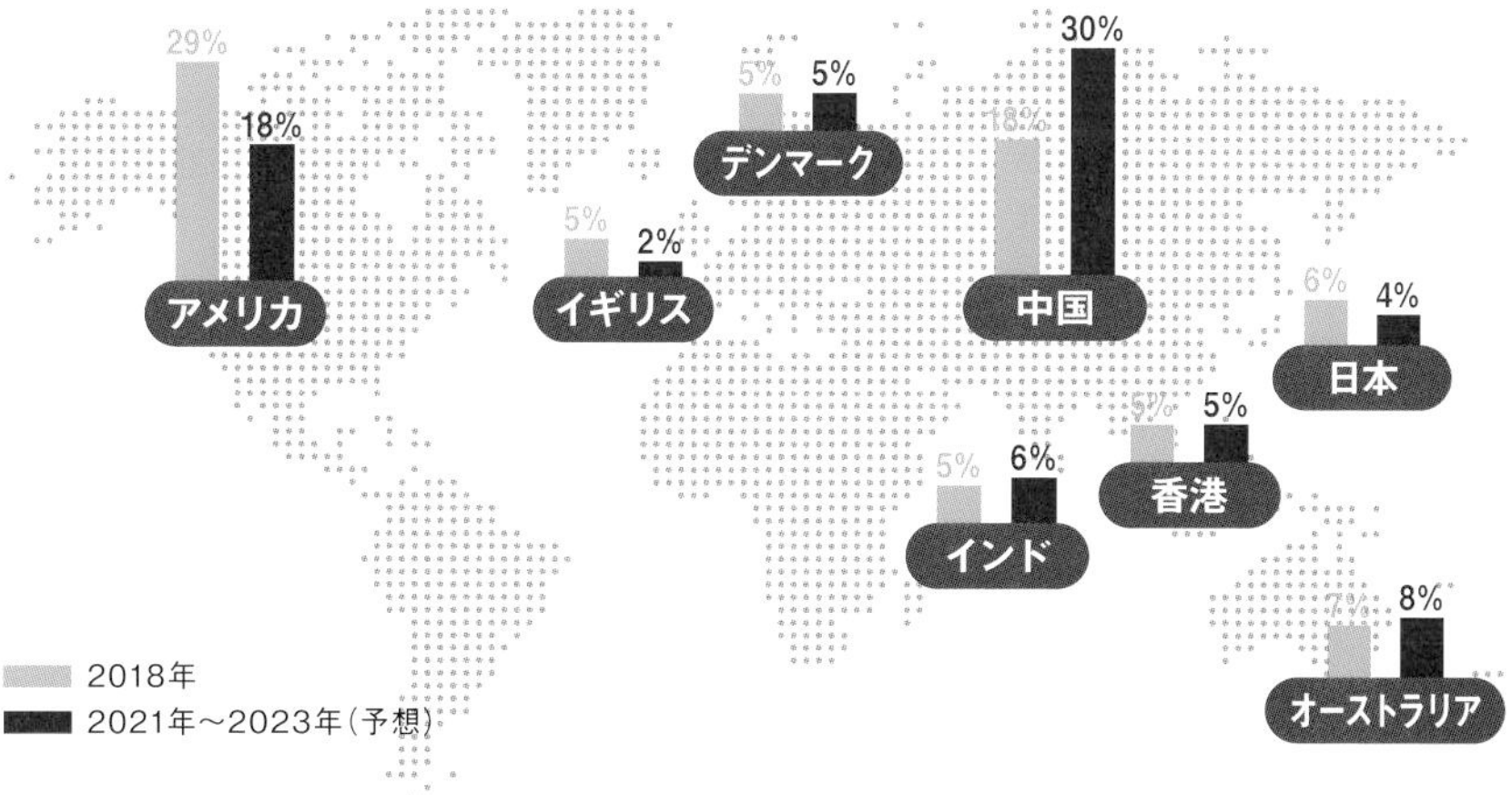

出所：PwC「世界のブロックチェーン調査2018」

Advice from Jim Rogers

中国が国を挙げて注力する分野。
ブロックチェーンは大きな産業になる

② 「環境産業」はまだまだ伸びる

▼持続可能な地球を守るために、環境産業の重要性は増していく

これまで人類は経済発展と引き換えに環境を汚染してきた。１９５０年代には日本でも水俣病をはじめとする公害が社会問題になった。水俣病が起きた熊本県水俣市の実状を撮影した写真家ユージン・スミスをジョニー・デップが演じる映画「Minamata（ミナマタ）」が２０２０年に公開予定なのも、環境汚染に対する関心が高まっていることの表れかもしれない。

現在も公害はなくなっていない。依然、中国やインドの大気はＰＭ２・５に汚染され、それが原因で多くの人々が亡くなっている。新型コロナウイルスが発生して経済活動が麻痺したことで中国の空がきれいになったというニュースを見たが、コロナが終息すれば、経済活動は再び動き出す。そうなれば、中国は元の汚染された空に戻るだろう。

二酸化炭素排出量も大きな問題だ。これだけ大きな問題になっても、減るどころか世界全体では漸増傾向が続いている。アメリカや日本は減少傾向にあるが、中国とインドは増加傾向にある。

２０１５年に国連サミットで採択されたＳＤＧｓ（持続可能な開発目標）は世界的な取り組みになっている。もはやどの国も自国の都合ばかりを優先することは許されず、環境汚染はどうでもいいという態度でいられない。

中国やインドは国際社会からも厳しい目を向けられており、今後は環境問題の解決に注力する姿勢を見せなければいけないはずだ。なかでも中国は政府のみならず、国民の環境意識が以前より急速に高まっており、環境汚染対策は大きな可能性のあるビジネスとしてまだまだ伸びる余地が大きい。

国別の都市部のPM2.5大気濃度（2016年）

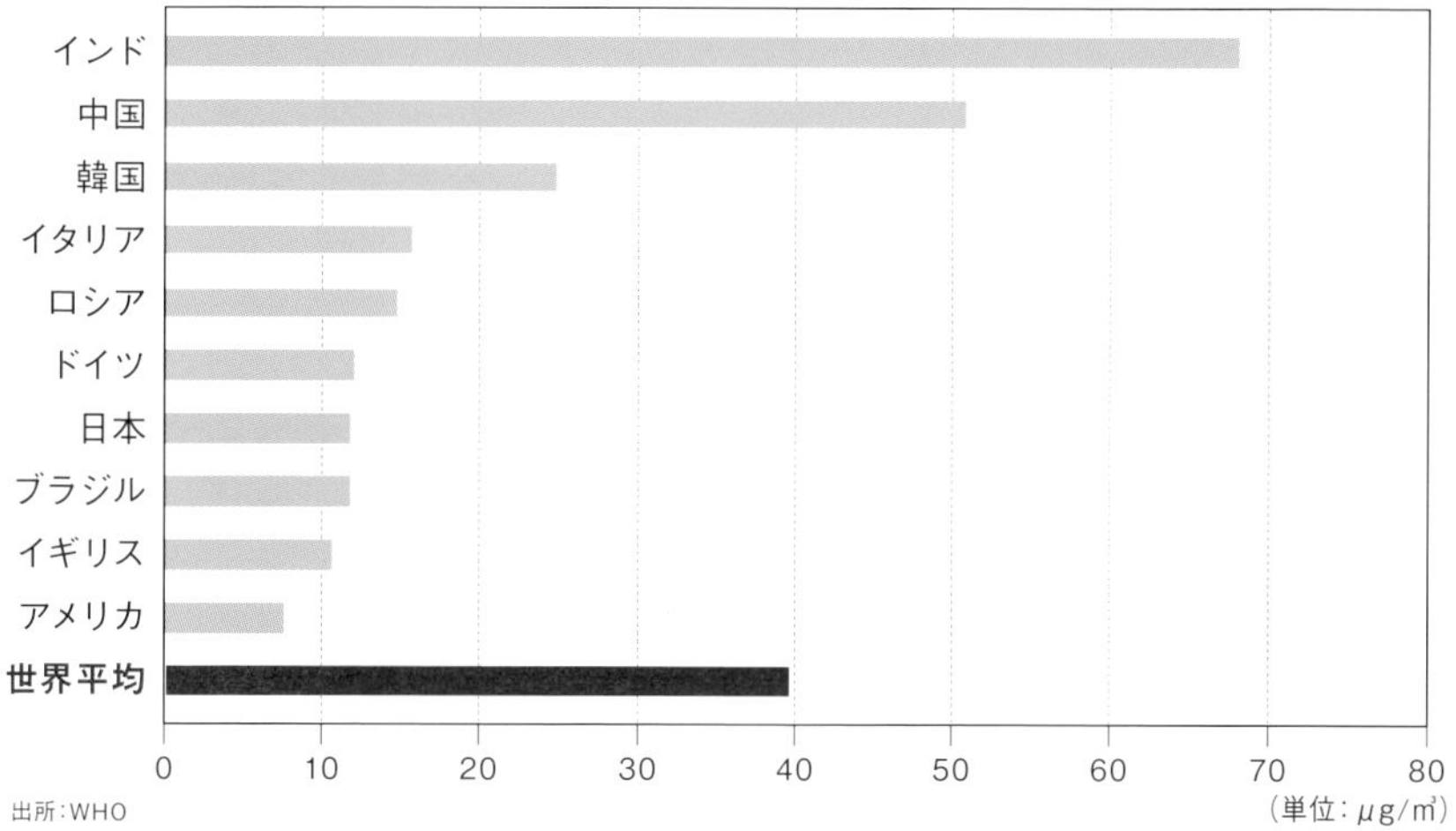

出所：WHO

全世界の環境産業全体の市場規模予測

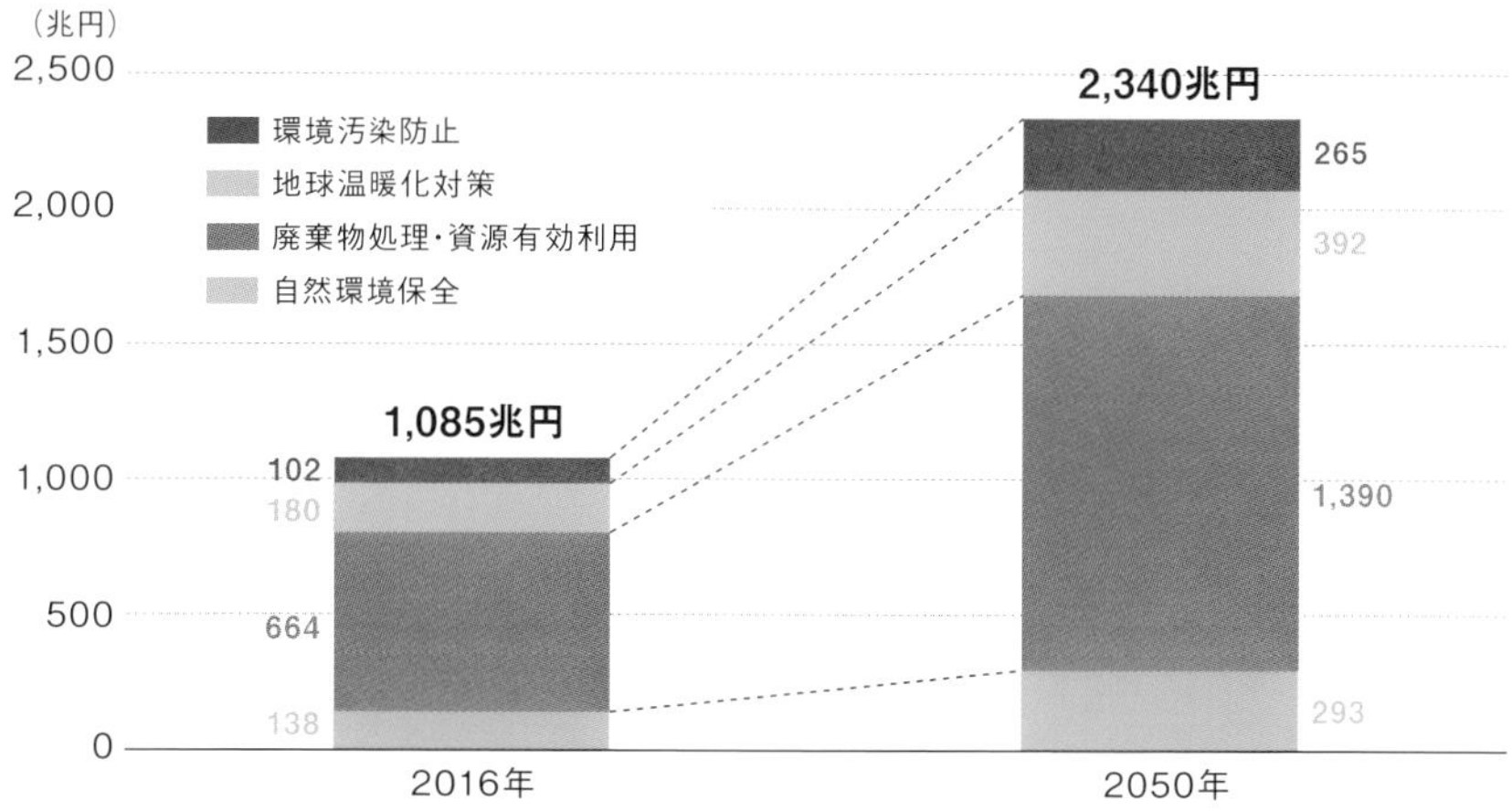

出所：環境省「環境産業の市場規模・雇用規模等に関する報告書」

Advice from Jim Rogers

このままでは地球がおかしくなる。
環境ビジネスの重要性が増すのは確実

③「観光産業」もまだまだ伸びる

▼伸び続ける世界の観光産業。魅力的な国「日本」はその恩恵を受ける

リーマンショック以降、堅調に世界経済が拡大してきたことで、新興国・地域で中間層が爆発的に増えた。ＬＣＣ（格安航空会社）が市民権を得て、日本のように観光客を誘致したい国がビザ要件を緩和するなど、海外旅行のハードルは年々下がっている。

バブル期の日本人が欧米などでカメラ片手に高級ブランド品を買い漁ったように、近年は経済力を持った中国人をはじめとするアジア人が世界に出るようになり、存在感を高めている。

私は「21世紀はアジアの世紀」と思っているが、それは数字にも表れている。２０１８年の世界全体の国際観光収入は対前年比約５％増だったが、**アジア・太平洋は世界平均を上回る９％増と著しく伸びている。**

残念なことに、２０２０年は新型コロナウイルスがパンデミックを起こし、世界各国が入国を制限したことで、航空業界、観光業界は甚大な影響を受けて大きく落ち込むことは避けられない。しかし、治療薬やワクチンができて安心感が広がれば、やがてこれまで続いていた長期トレンドに戻るはずだ。

人は海外旅行を一度経験すると、「もっと違う国を見てみたい」と思う欲求を抑えられなくなるものだ。私は2度世界一周をしたことがあるが、旅行に飽きたことがない。77歳になった今でも、（シンガポールの）チャンギ空港に向かう時はワクワクする。

２０１８年から２０３８年で世界の航空旅客需要は２・３倍になると予測されていることからもわかるように、世界全体の人口が増えるなかで旅行者が減ることはなく、観光産業の成長が続くことは確実だろう。

世界の国際観光客到着数及び観光収入の推移

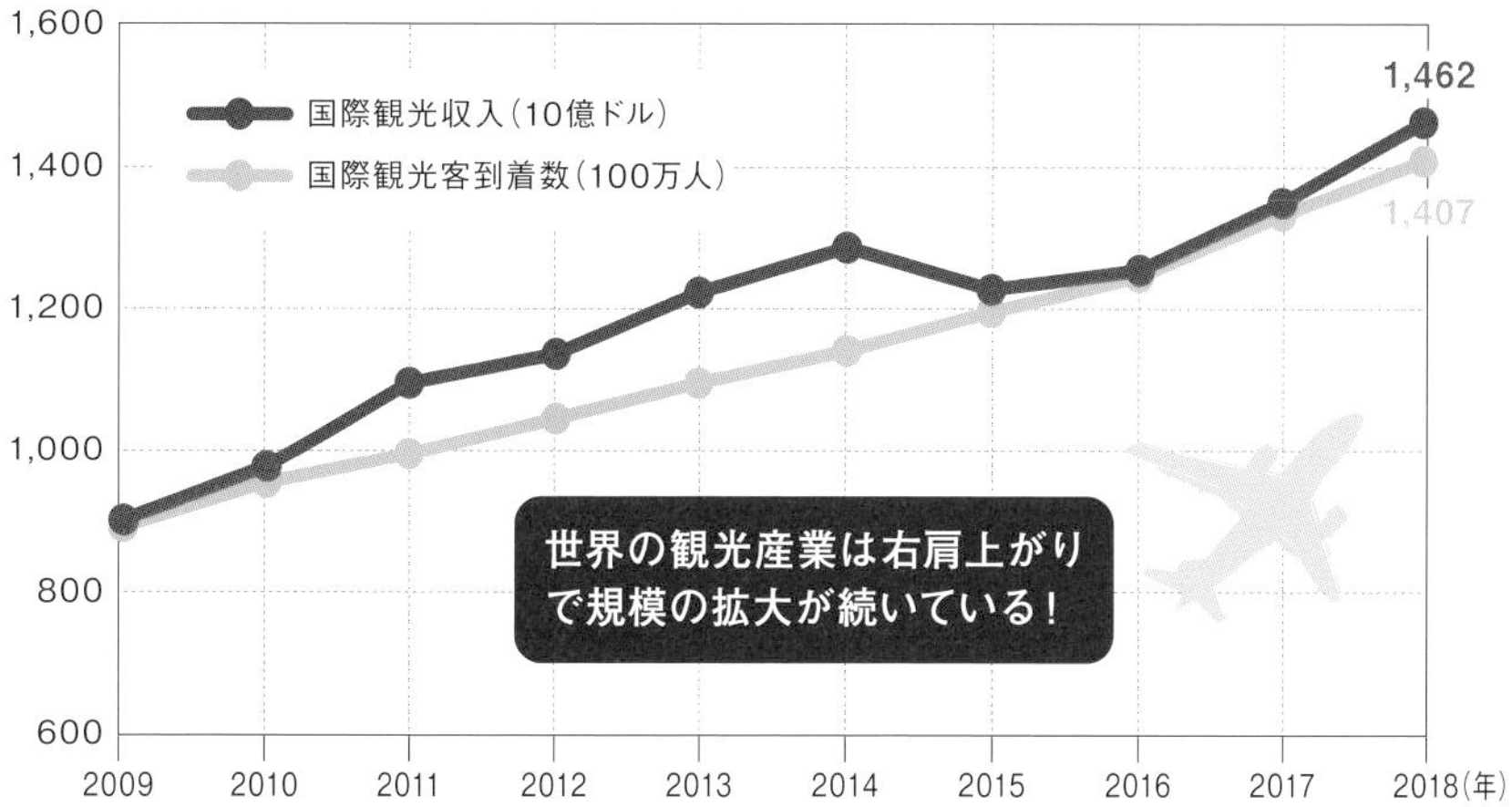

出所：UNWTO「UNWTO TOURISM DATA DASHBOARD」

地域別国際観光収入の対前年比伸び率（2018年）

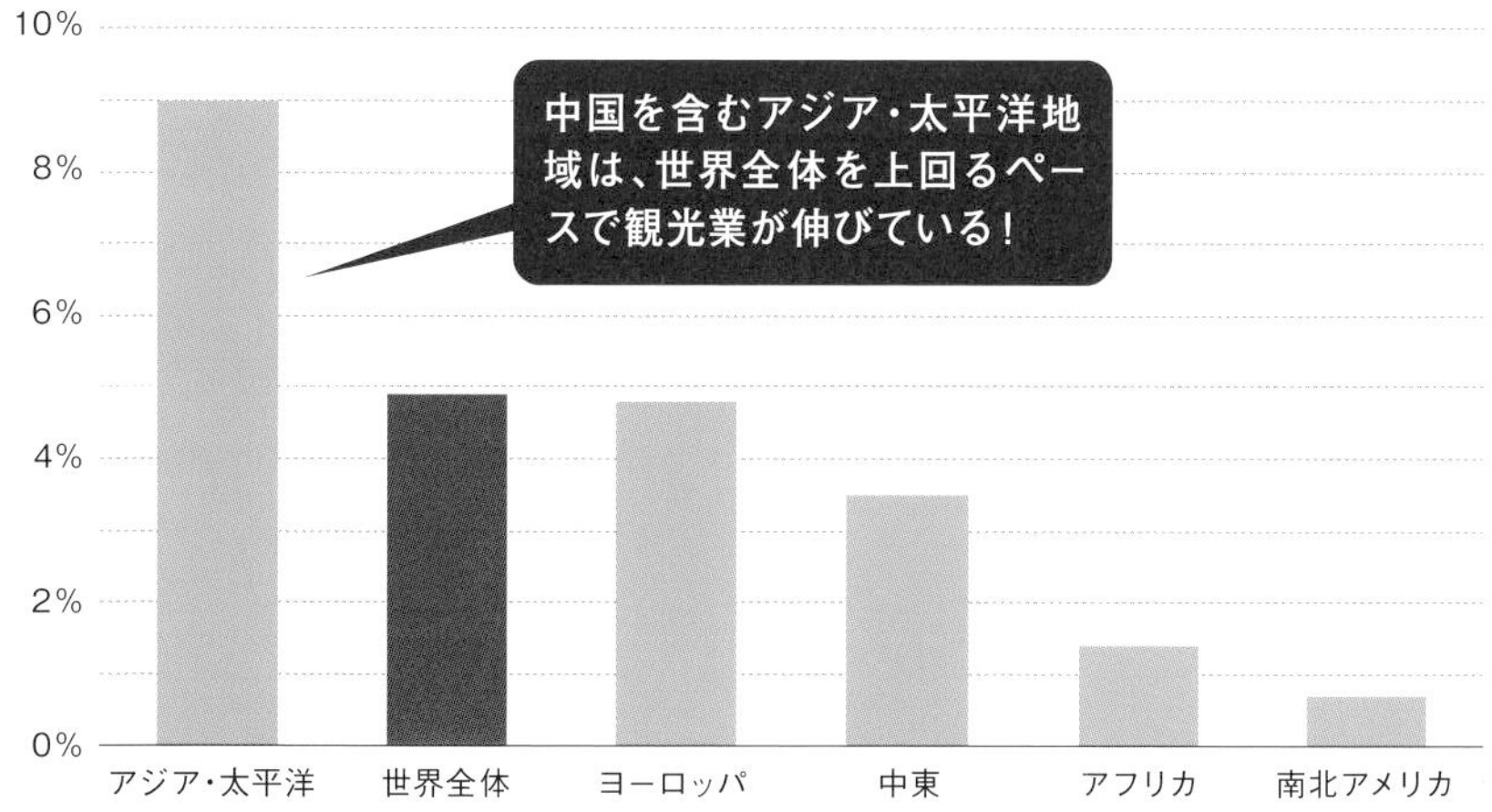

出所：UNWTO「UNWTO TOURISM DATA DASHBOARD」

Advice from Jim Rogers

新型コロナウイルスが落ち着けば観光産業の市場は世界的に拡大する

日本国内の注目分野

①危機的な状況だからこそ「農業」

▼従事者の減少、高齢化など問題山積だが、その分、大きく伸びる余地あり！

今後の日本で期待できる分野を挙げるなら、まずは農業だ。しかし多くの日本人は、農業従事者の高齢化と担い手不足という危機的状況にある農業に希望が持てないかもしれない。

たしかに、２０１０年に２６０・６万人いた農業就業人口は、２０１９年には１６８・１万人になり、わずか10年で90万人以上も減った。農業従事者のうち１１８万人は65歳以上だ。さらに驚くべきことに、75歳以上がなんと47万２８００人もいる。当然のことながら平均年齢は上昇し、66・8歳となっている。

政治家が農業従事者の票を得るために、日本の農業が政府の過保護下にあるのも問題だ。

日本人の多くは、「日本米は特別においしいので高くて当たり前」と思っているようだが、すでに、アメリカや中国でも日本品種の栽培が行われており、中国産のコメの日本品種は5分の1から10分の1程度の価格で売られている。コメにかぎらず、価格を下げないかぎり、日本の農産品は他国と競争はできない。

しかし、「危機」はチャンスの裏返しだ。

私が40代の日本人だったら農場を買うことを考える。誰も買おうとしない日本の農地や農場は安い。そこで働いてくれる人材さえ見つかれば、競争がない日本の農業には明るい未来が待っている。そのためにも移民を受け入れるべきだ。移民なら農業に従事してくれるだろう。それができなくても、日本に数多く存在する心身ともに元気な高齢者がその担い手になってくるかもしれない。

フェラーリに乗りたいなら、今から農業を始めておくと、15年後にはその夢が実現できるかもしれない。

日本の農業就業人口の推移

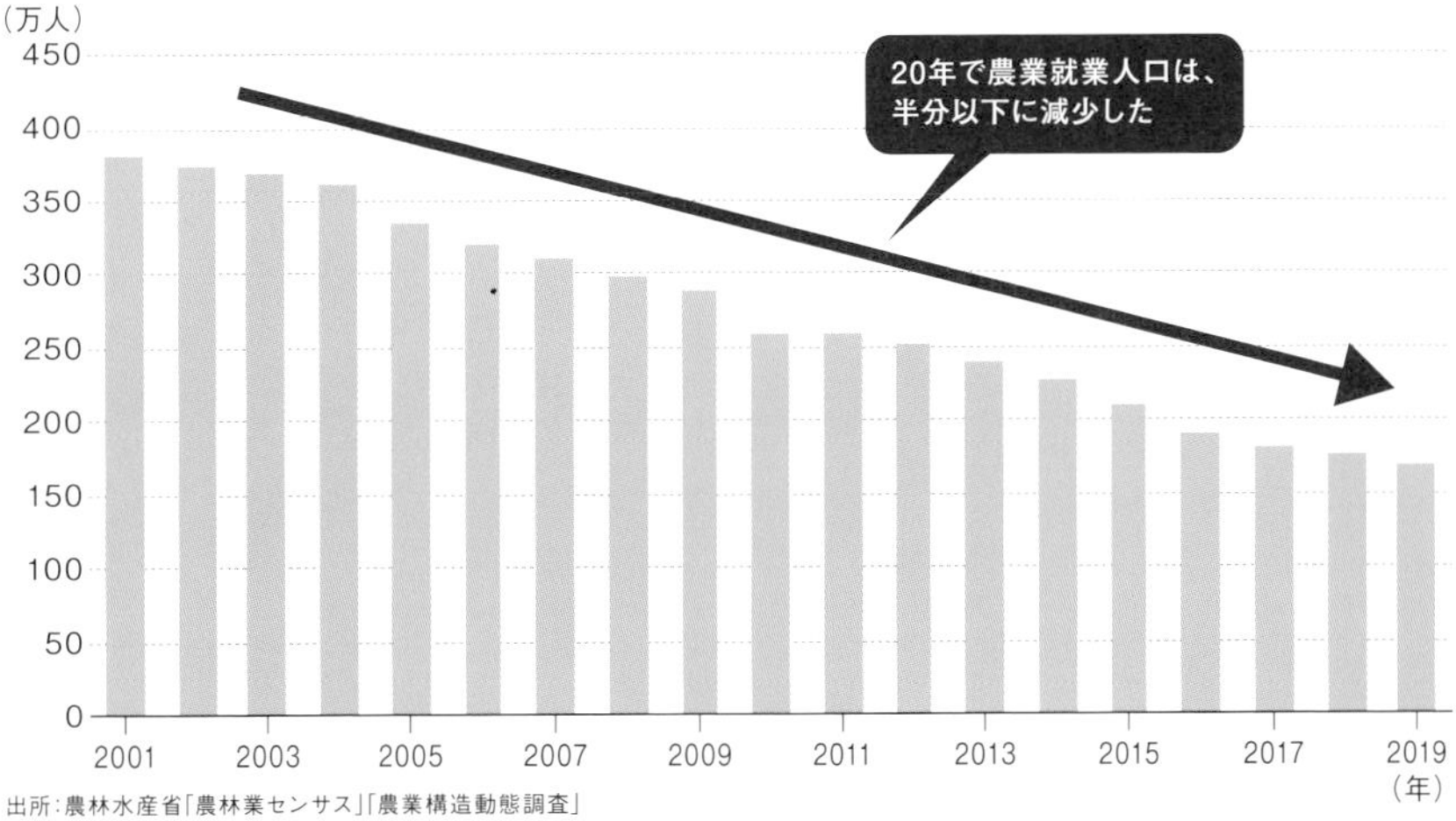

出所：農林水産省「農林業センサス」「農業構造動態調査」

農業従事者の平均年齢と65歳以上の農業従事者数

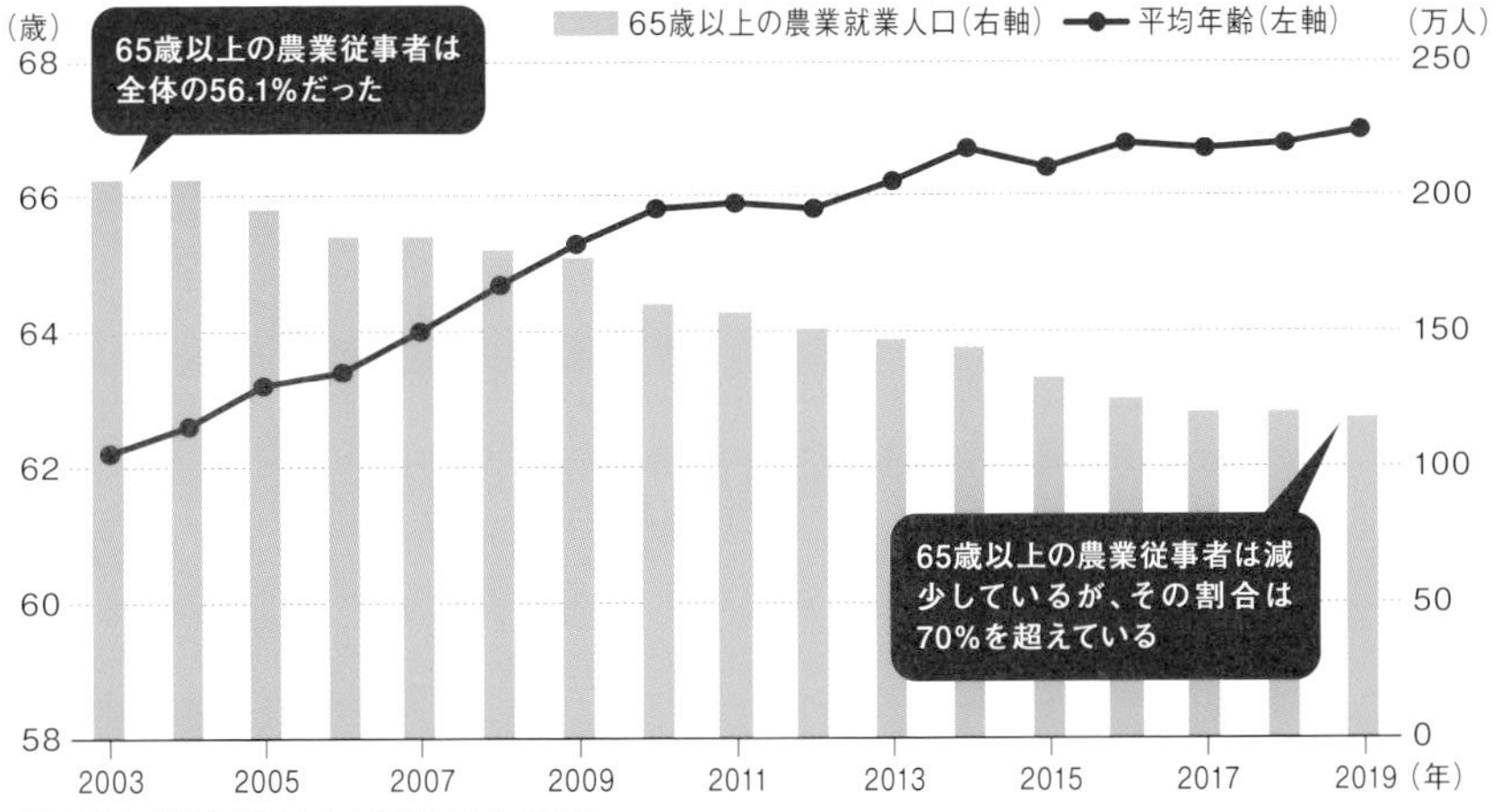

出所：農林水産省「農林業センサス」「農業構造動態調査」

Advice from Jim Rogers

私が40代の日本人なら農場を買う。働く人材さえ見つかれば、未来は明るい

日本国内の注目分野

② 日本は「観光産業」で勝ち組になる

▼観光地として世界を魅了する日本の観光業の繁栄は長く続く

日本人の10倍以上もの人口を抱える中国、経済成長が著しいベトナムなどの東南アジアに地理的に近いというアドバンテージもあって、日本はインバウンド（訪日外国人客）を年間3000万人超にまで急増させた。22ページで指摘したように、今後、観光需要は世界的に伸びるが、そのなかでも日本は勝ち組になるだろう。

かつては、シャイなせいか日本人は外国人に対して不愛想に見えたし、私もクレジットカードが使えずに驚いたものだが、状況はかなり変わり、そういうことはなくなったのもいいことだ。

残念なことに新型コロナウイルスの余波で、2020年の日本のインバウンドの伸び率は大きく落ち込むことは免れない。これは日本だけのせいではないのだからしかたがないことだ。世界各国がいつまで海外渡航を制限するかは見通せないが、いずれ沈静化する。そうなれば、魅力的な観光資源を持っていて治安もよく、世界一の「食」がある日本を訪れたいと考える外国人は増えるはずだ。

2021年に延期された東京オリンピックのあとに、日本への関心が落ち込むのではないかと危惧する向きもあるが、歴史ある神社仏閣や町並み、豊かな自然に恵まれる日本の場合はそうはならないだろう。

観光産業は日本にとって今後も長いスパンで成長が見込める数少ない分野だ。先述の通り、私は2018年に日本株をすべて売ったが、2020年3月に船舶関連銘柄を少しだけ購入した。ホテルなどの観光関連株を買い戻すことも検討しており、古民家再生事業に投資するのもおもしろいかもしれないと思っている。

訪日外国人旅行者と出国日本人の推移

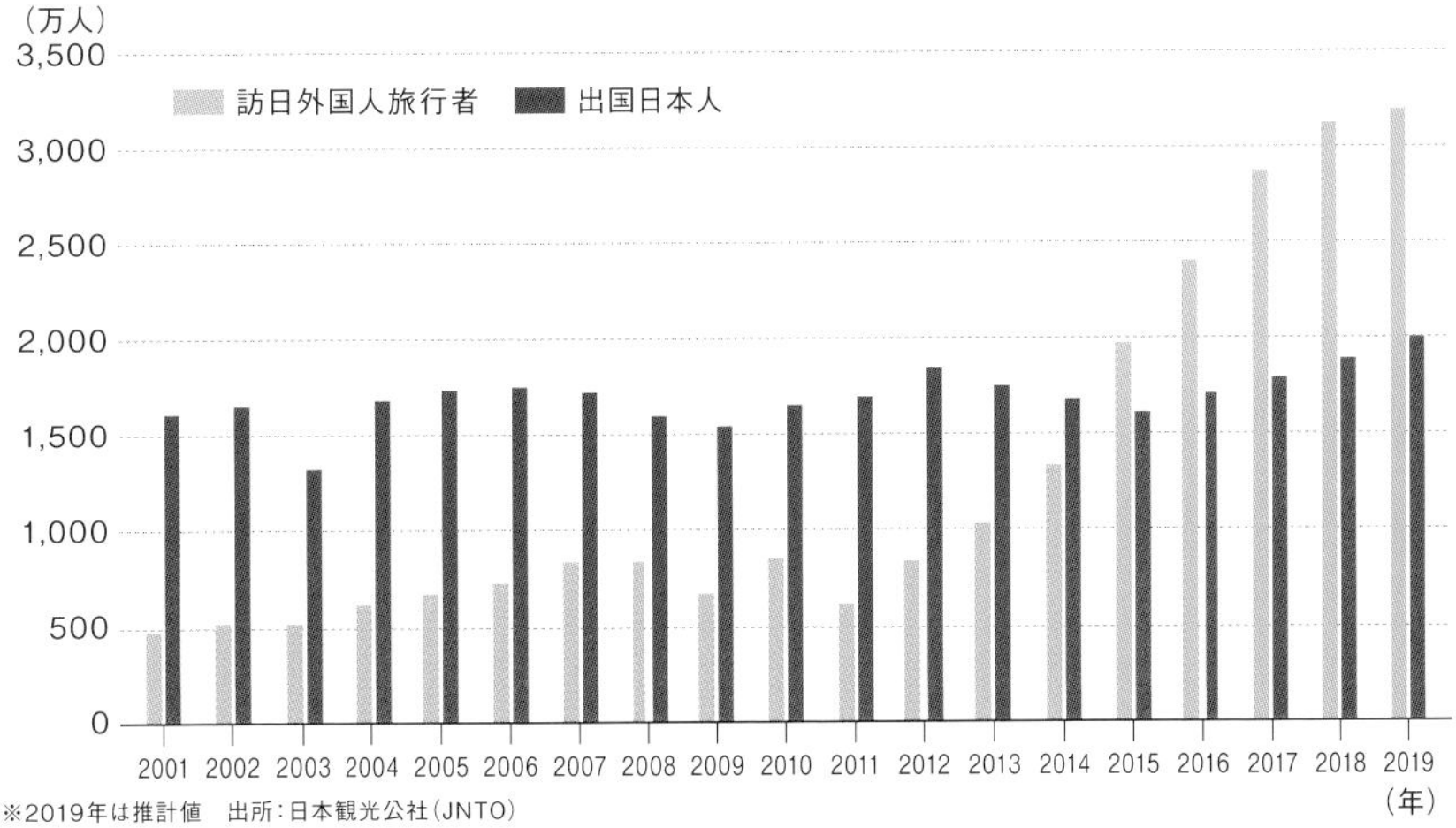

※2019年は推計値　出所：日本観光公社（JNTO）

国別の訪日外国人旅行者数

	国・地域	2018年（人）	2019年（人）	対前年比
1位	中国	8,380,034	9,594,394	14.5%
2位	韓国	7,538,952	5,584,597	-25.9%
3位	台湾	4,757,258	4,890,602	2.8%
4位	香港	2,207,804	2,290,792	3.8%
5位	アメリカ	1,526,407	1,723,861	12.9%
6位	タイ	1,132,160	1,318,977	16.5%
7位	オーストラリア	552,440	621,771	12.5%
8位	フィリピン	503,976	613,114	21.7%
9位	マレーシア	468,360	501,592	7.1%
10位	ベトナム	389,005	495,051	27.3%
	その他	3,735,460	4,247,298	13.7%
	総数	**31,191,856**	**31,882,049**	**2.2%**

反日感情が高まった韓国以外、上位国からの訪日外国人旅行者数は増加している

出所：日本政府観光局（JNTO）

Advice from Jim Rogers

世界を魅了する日本へやってくる人はオリンピック後も落ち込むことはない

③ 少子化でも教育ビジネスは有望

▼国内だけでなく、海外に目を向ければ学生はもっと増やせる

教育産業にも注目している。日本は子どもが減っているから国内需要は減っていくが、その日本の弱みに見える点にこそ、チャンスは隠されている。

現在、日本では子どもの減少によって、学生を集められない大学が増えている。２０１９年度は、５８７の私立大学のうち１９４校が定員割れを起こしているほどだ。一方、日本よりも学歴が重視される韓国や中国では、大学受験の失敗が人生の失敗であるかのような社会になっている。韓国や中国の子どもと話すと、大学が不足していて、「大学に入学できない」と嘆き、異常ともいえるほど過酷な大学入試に嫌気がさしている。私は、彼らに「日本に行きなさい。日本の大学なら受け入れてくれる」とアドバイスしているほどだ。

日本にやってくる外国人留学生の数は、右肩上がりの傾向にあり、２０００年の6・4万人から２０１９年には約30万人にまで増加した。この20年間で外国人留学生が約5倍も増えているのに、日本の私立大学は3割以上が定員割れになっている。**日本に来たがる外国人学生はたくさんいるのだから、学生を欲しがる大学こそ、もっと外国人留学生を受け入れればいい。**それは、人口減少、労働力不足の解消にもつながっていくはずだ。

日中韓、シンガポールが成長した根底には、優れた教育制度があったことは疑いようがない。娘をシンガポールの学校に通わせて、私がアメリカで受けた教育よりアジアの教育のほうが優れていることは十分にわかった。

新型コロナウイルスの感染拡大でオンライン教育が注目を浴びる中、この分野も今後大きく期待できるビジネスになるだろう。

18歳人口、大学数、定員割れした私立大学の推移

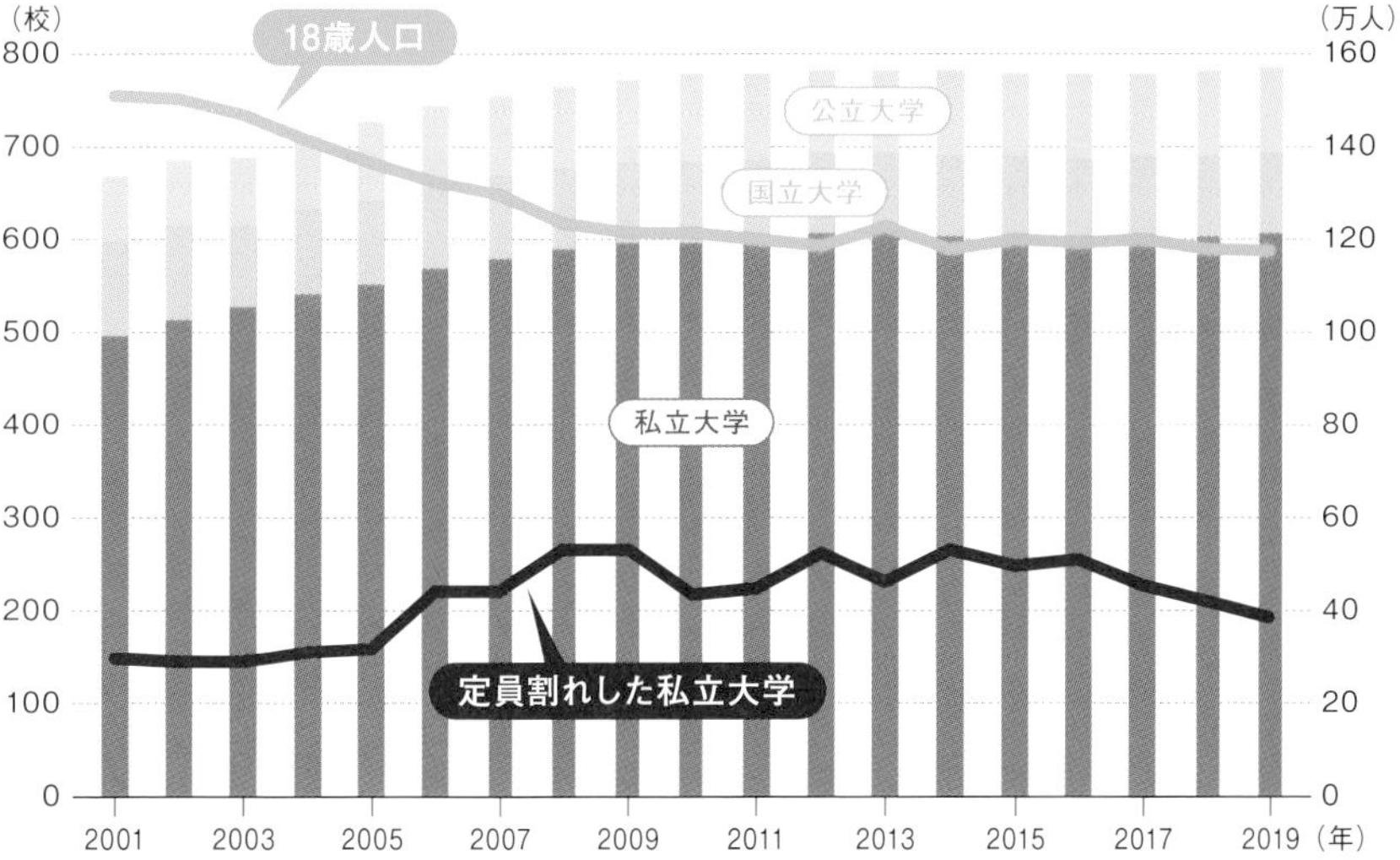

出所：文部科学省「学校基本統計」、日本私立学校振興・共済事業団「私立大学・短期大学等 入学志願動向」より作成

外国人留学生の推移

(年)	大学院	大学・短大・高専	専修学校	準備教育課程	日本語教育機関
2005	30,278	64,774	25,197	1,563	
2006	30,910	63,437	21,562	2,018	
2007	31,592	62,159	22,399	2,348	
2008	32,666	63,175	25,753	2,235	
2009	35,405	67,108	27,914	2,293	
2010	39,097	72,665	27,872	2,140	
2011	39,749	71,244	25,463	1,619	25,622
2012	39,641	71,361	25,167	1,587	24,092
2013	39,567	69,339	24,586	2,027	32,626
2014	39,979	67,782	29,227	2,197	44,970
2015	41,396	69,405	38,654	2,607	56,317
2016	43,478	74,323	50,235	3,086	68,165
2017	46,373	80,020	58,771	3,220	78,658
2018	50,184	87,806	67,475	3,436	90,079

(人)

出所：文部科学省「学校基本統計」、日本私立学校振興・共済事業団「私立大学・短期大学等 入学志願動向」より作成

Advice from Jim Rogers

少子化で悩む大学は、外国人留学生を積極的に受け入れるべき

①「ETF」は、弱気相場では諸刃の剣

▼ETFに含まれていない銘柄に着目するのも一手

日経平均株価等の動きに連動するETF（上場投資信託）は、誰にでも理解しやすく、とても簡単に売買できる。それに疑いの余地はないが、問題がないわけではない。

今では世界中に7000を超えるETFがある。もちろん、そのなかには優劣がある。にもかかわらず、投資家のほとんどはその中身を十分吟味せず、ETFに気安く投資していることを私は危惧するのだ。

私はETFの現状を見ると、少し過大になっていると思う。リーマンショック以降の長く続いた強気相場ではその問題は表面化しなかったが、今後、弱気相場になれば、ETFやETFに組み込まれた銘柄が、それ以外の銘柄より大きく下がることになるだろう。

その理由は簡単だ。ETFがここまで買われた以上、多くの人が保有者になっている。パニックをともなった下げ相場になれば、みんなが投げ売りする。結果、ETFに組み込まれた銘柄は、組み込まれていない銘柄より大きく下落することになる。弱気相場では諸刃の剣になるということだ。ETFには優良銘柄が含まれているので、全面的に「買うな」というわけではないが、**賢い人はETFに含まれていない優良銘柄を探している。ETFに含まれている銘柄より安い価格で買うことができるからだ。**

2020年3月、新型コロナウイルスの感染拡大による金融市場や経済の動揺を抑えるために、日銀は年6兆円としていたETFの購入目標額を年12兆円に倍増させたが、日銀は出口戦略をどう考えているのか。日銀が売って市場が動揺した時こそ、日本株の買いどきかもしれない。

世界のETF純資産残高とファンド数の推移

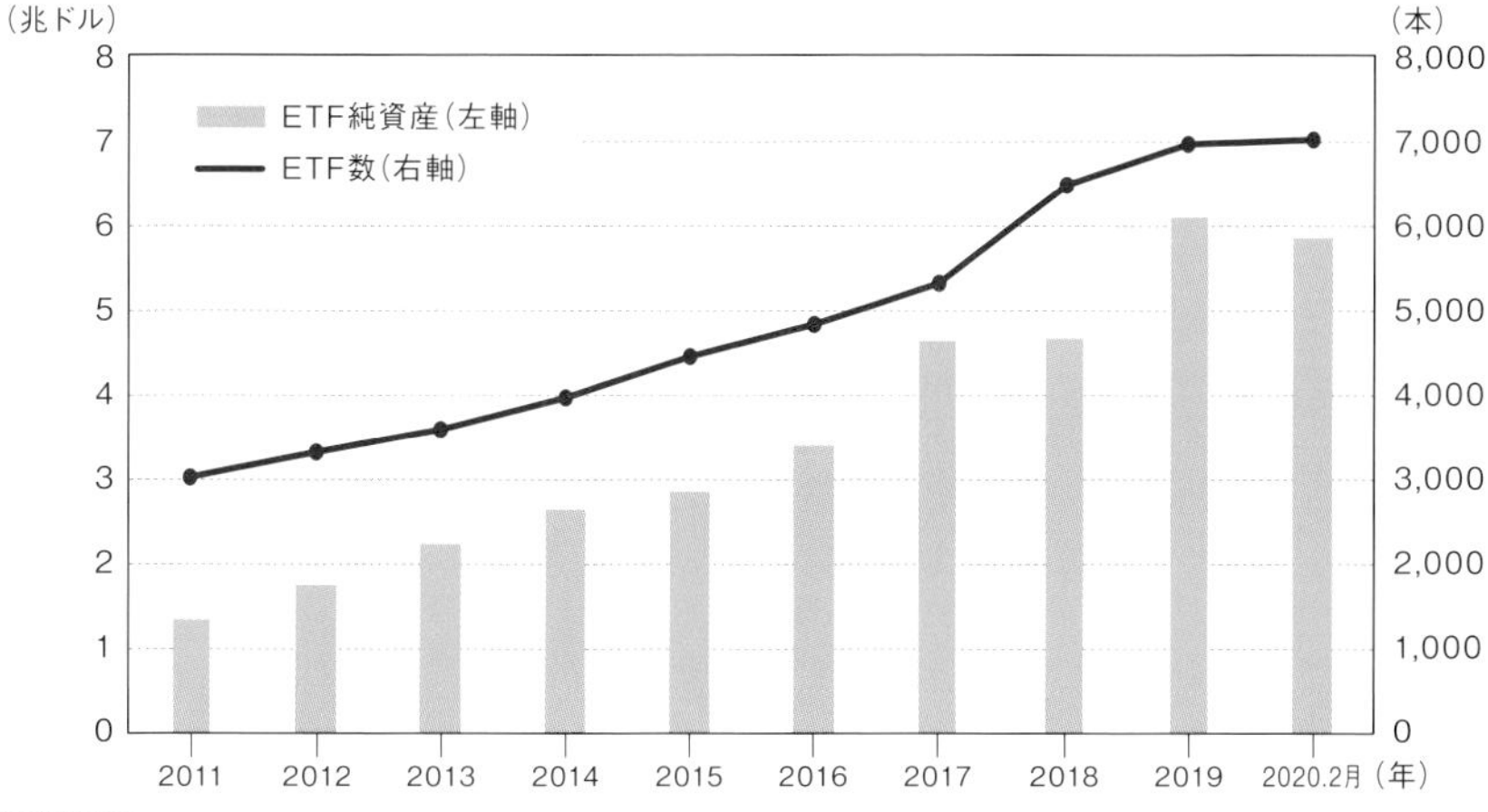

出所:ETFGI

日本のETF時価総額トップ10(2020年3月19日現在)

	コード	銘柄名	管理会社	投資対象	時価総額(億円)
1位	1557	SPDR S&P500 ETF(*)	ステート・ストリート・グローバル・アドバイザーズ	外国株式	234,120
2位	1306	TOPIX連動型上場投資信託	野村アセットマネジメント	国内株式	85,296
3位	1326	SPDRゴールド・シェア(*)	ワールド・ゴールド・トラストサービシズ	ゴールド	47,782
4位	1321	日経225連動型上場投資信託	野村アセットマネジメント	国内株式	45,677
5位	1305	ダイワ上場投信-トピックス	大和証券投資信託委託	国内株式	39,961
6位	1308	上場インデックスファンドTOPIX	日興アセットマネジメント	国内株式	38,276
7位	1330	上場インデックスファンド225	日興アセットマネジメント	国内株式	21,928
8位	1320	ダイワ上場投信-日経225	大和証券投資信託委託	国内株式	21,242
9位	1348	MAXIS トピックス上場投信	三菱UFJ国際投信	国内株式	11,158
10位	1346	MAXIS 日経225上場投信	三菱UFJ国際投信	国内株式	10,877

*は、外国籍ETFのため、外国証券取引口座の開設が必要

Advice from Jim Rogers

多くの人がETFを買ってきたからこそ、ETFに入らない銘柄にチャンスがある

気になる投資商品の将来

② ESG投資にどう向き合うべきか

▼世界中がESG投資を意識する以上、無視することはできない

今、E（環境）、S（社会）、G（統治）に注目した、いわゆるESG投資はポピュラーになっており、受け入れられている。**ESGに配慮した企業などへの投資こそが重要だと言う人がいて、それが大きなうねりになっているのなら、当然、投資家としてESG投資という視点を考慮する必要がある。**

私が考える、企業ができるベストなことは利益を生み出すことだ。利益を生み出せば、得た利益をチャリティーなどを通じて、人助けに貢献できるからだ。

アメリカにはスープキッチン（教会やボランティア団体が困窮した人々に食事を無料で提供する場所のこと）というものがあって、そこでボランティアしている人がいる。それが彼らの本当にやりたいことなら、私はそれを否定しない。しかし、私は利益を出すことがベストだと考えていて、そうすることで世の中をさらに良くできると信じている。

たとえば、私自身がベストなことをして得た利益で6つのスープキッチンを開くことができれば、多くの人を雇うことができるし、ただ寄付するだけよりも、より多くの非常に貧しい人々にスープを与えることができるはずだ。

もちろんスープキッチンでボランティアするのがベストだと思うなら、そうすればいいし、学校に寄付したいならそうすればいい。自分がベストだと思うことをすればいい。

いずれにしろ、**社会貢献を目指す投資が重視されていることを考えれば、それを考慮せずに投資で成功することは難しくなっている。**

ESG投資で着目する課題例

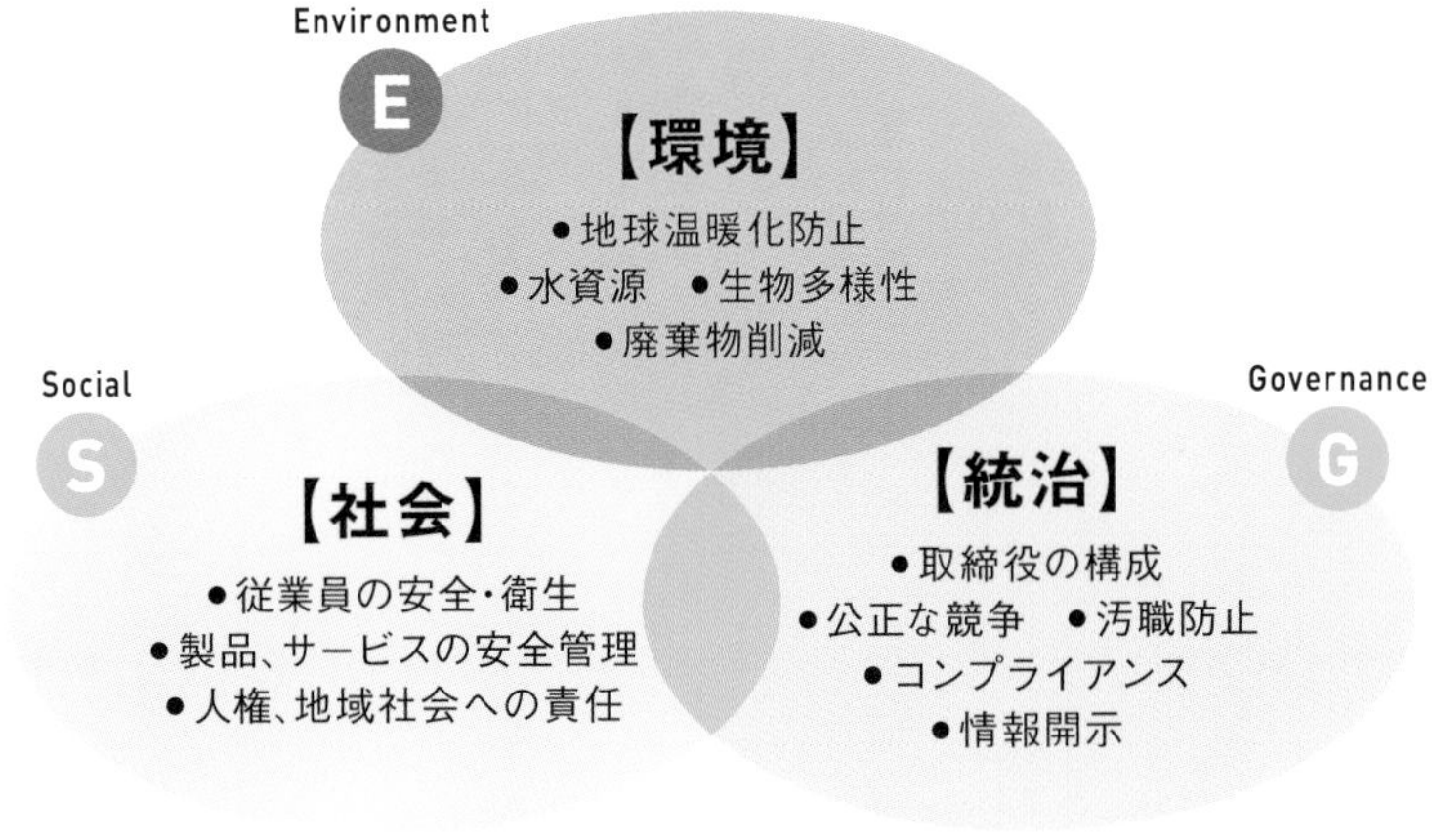

出所：各種資料

急拡大する世界のESG投資

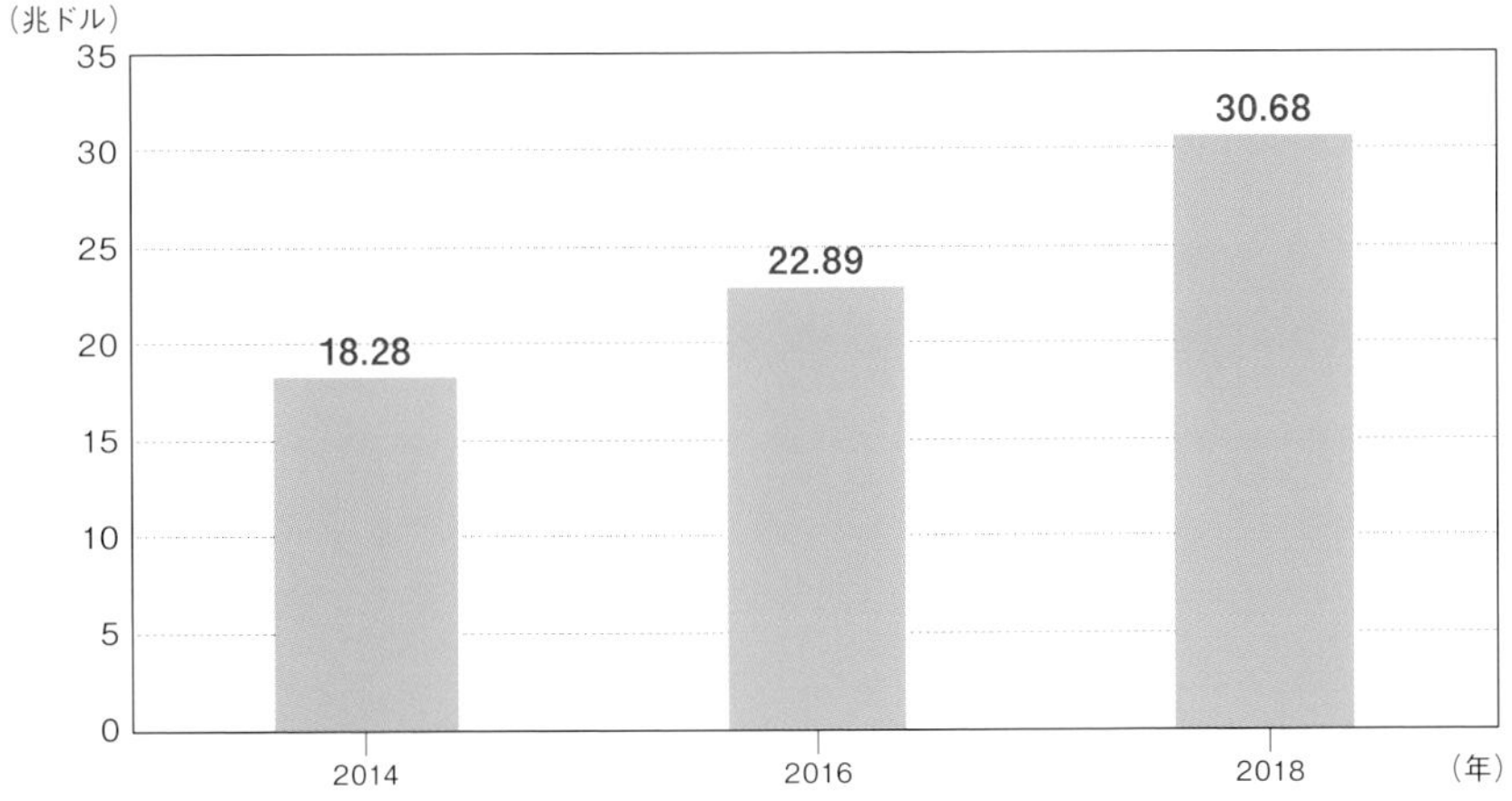

出所：GSIA「2018 Global Sustainable Investment Review」

Advice from Jim Rogers

社会貢献が重視されるようになった以上、投資家はその視点を考慮する必要がある

気になる投資商品の将来

③「債券」は買ってはいけない！

▼新型コロナで債券バブルはさらに膨張。破裂すれば大惨事になる

債券バブルであることは疑いようもない。**今は世界中のいかなる国の債券にも投資すべきではない。**

２００８年のリーマンショック後の各国は、過剰ともいえる債務を積み上げてきた。そして、新型コロナの問題が起こると、各国は財政出動して、世界中の債務はさらに大幅に増えた。

債券バブルはあらゆるバブルと似ているが、もしバブルがはじけたら、これまでで最もひどいバブル崩壊になり、極めて多くの人々が甚大な損失を被るだろう。歴史上、金利水準が世界中でこれほどの規模で低下したり、マイナス金利となった例はないからだ。それに加えて、新型コロナウイルス問題が起こり、ヒト、モノの流れが止まり、経済に深刻な影響が出始めると、世界中の中央銀行がこぞって利下げした。そして、世界の金利は信じられないほどの低水準になった。しばらくの間、市場にとっては良いことかもしれないが、長い目で見れば、明らかに良くないことだ。大規模な量的緩和・財政支出をしていることを考えれば、しばらくは幸福な日々を過ごせるかもしれないが、債券バブルがはじけたあとに待っているのは悲惨な結末だ。私の人生で最もひどいリセッションをもたらし、多くの人々が露頭に迷うだろう。

「国債をいくらでも発行していい」と主張している「現代貨幣理論（ＭＭＴ）」は、難しい理屈を抜きにしてばかげている。もしＭＭＴの理屈が本当なら、ひどいインフレで経済状態が壊滅的なジンバブエやアルゼンチンは裕福になっているはずだ。しかし実際にはそうはなっていない。長期的にはしっかりと裏付けされたお金がなければ、すべてが瓦解することは目に見えている。

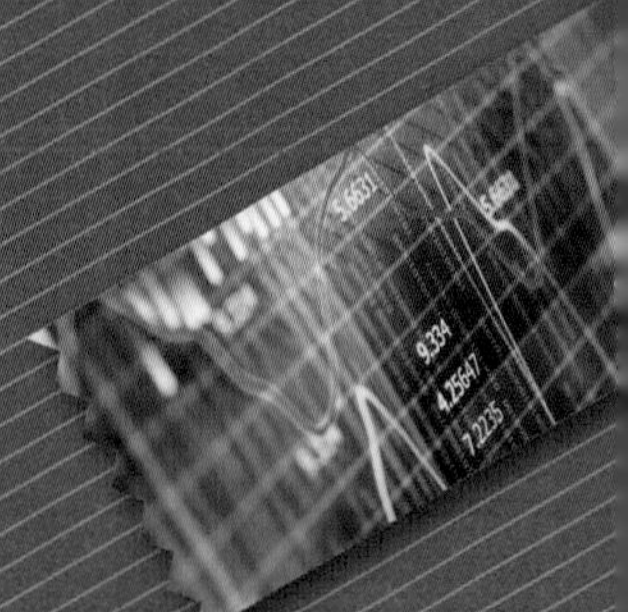

主要国の10年国債利回り（2020年3月25日現在）

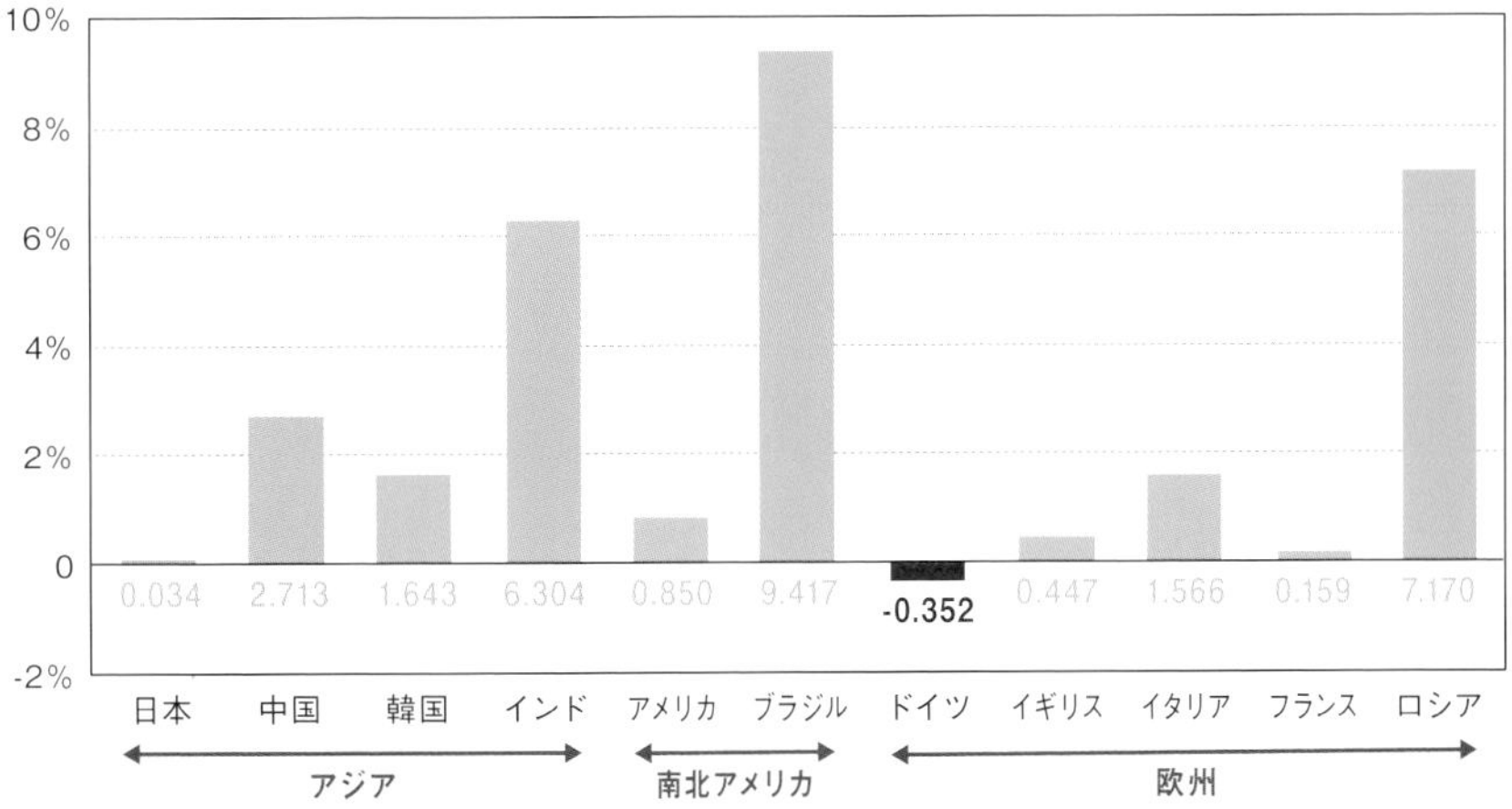

日米独の10年国債利回りの推移（1990年1月〜2020年3月）

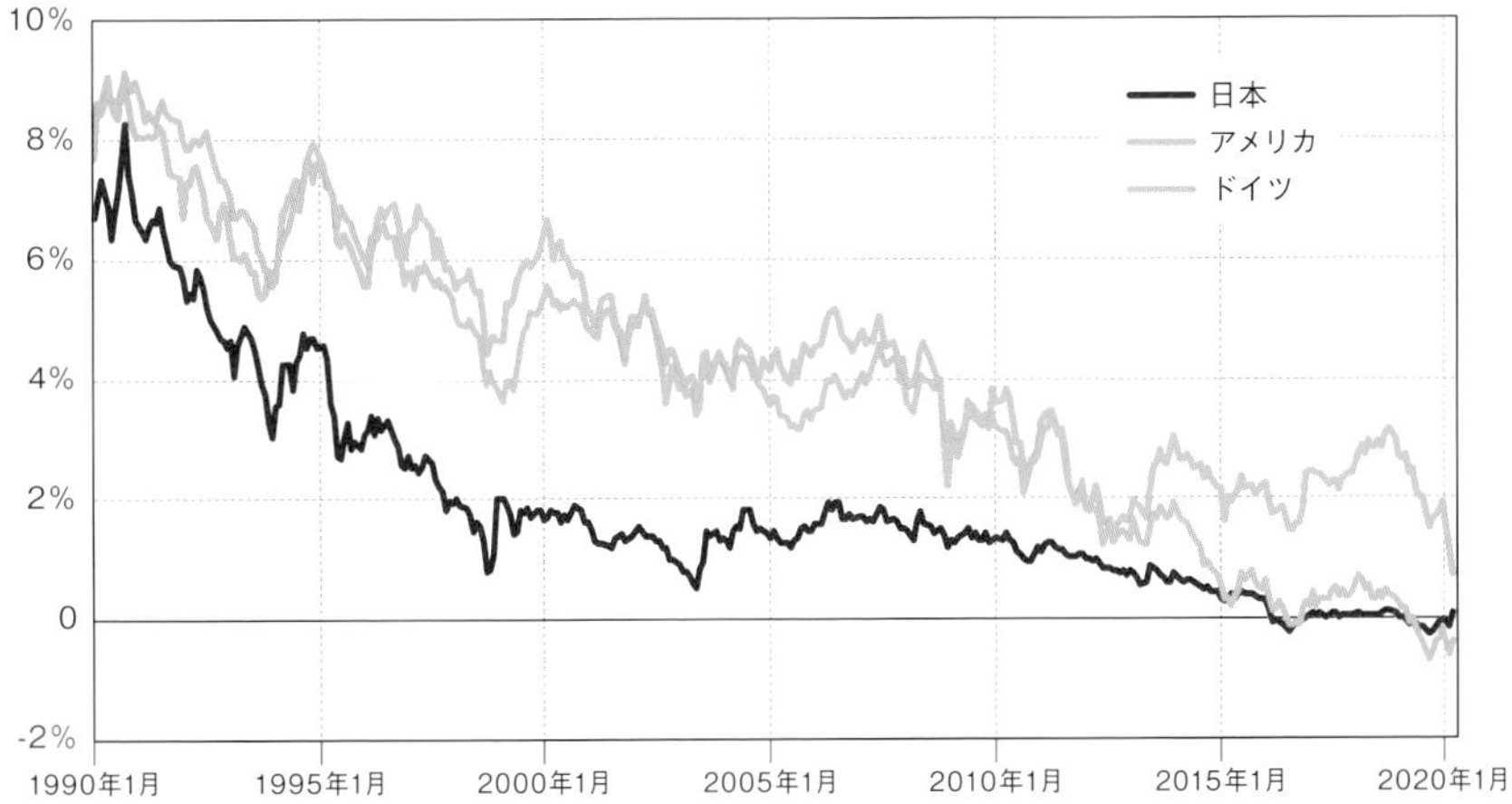

新型コロナウイルスで状況はさらに悪化。債券バブルは近い将来、破裂する

④「ゴールド」はもっと上がる

▼先行きが不透明な時、ゴールドの魅力はより輝く

私は「ゴールド」が好きだ。大切な2人の娘に資産を残そうと思ったら「ゴールド以外にない」とまで思うようになっている。

じつは2010年~2019年夏までゴールドを保有していなかった。この頃は価格が下落傾向にあり、そろそろ上がる時だと思ったので買い始めて、現在はゴールドとシルバーは持っている。

世界情勢が悪化している時は、世界中の多くの人が資産防衛のために実物資産であるゴールドやシルバーを買う。とくに、中国人とインド人はゴールド好きの国民性で知られている。

ドルや株式、債券などの金融資産との違いは、それ自体に価値があることである。株式は会社が倒産すれば無価値になる可能性があるが、**ゴールドは無価値になることはない**。実物資産のなかでも流動性があるので売買しやすいことも人を惹きつける要因になっている。

新型コロナウイルスが中国をはじめ、日本、イタリア、スペイン、アメリカなど世界中に広がって猛威を振るい、世界情勢に暗雲が垂れ込めると、世界の株式市場はリーマンショック時のように乱高下した。

ところがその中でも金価格は上昇し、金1トロイオンス当たりの価格は1600ドル前後と記録的高値を記録していた。

リーマンショック時もそうだったが、**パニック状態の弱気相場では、多くの人はゴールドも含めてすべてを売って現金化を急ぐ。その時こそ金を買うべきタイミングだ**。そして、人々が政府に対して不信感を抱く時に金価格は上がるのだ。

ゴールドの価格の推移（1980年〜2019年、年平均価格）

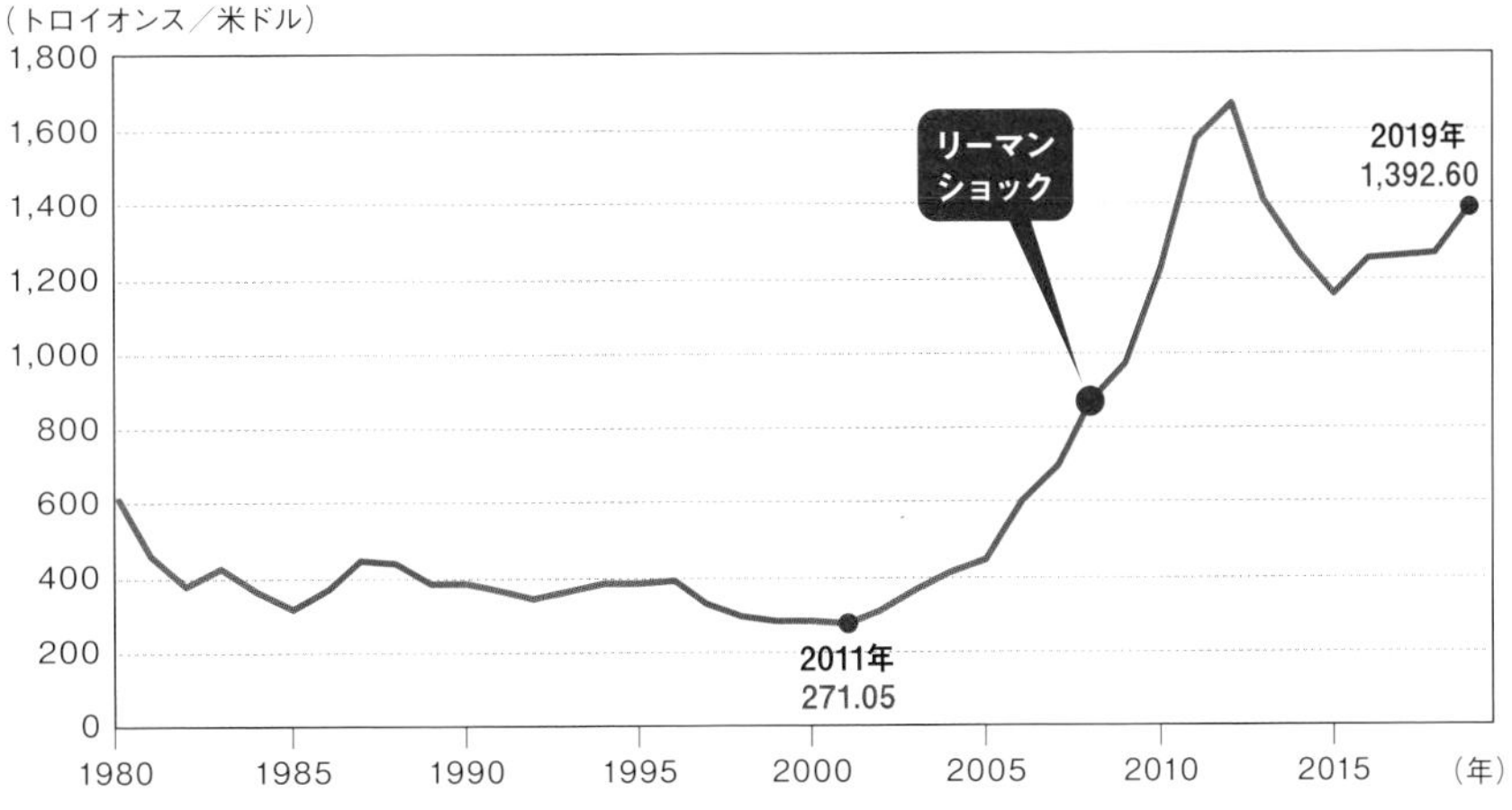

出所：田中貴金属工業

ゴールド保有量（2018年）

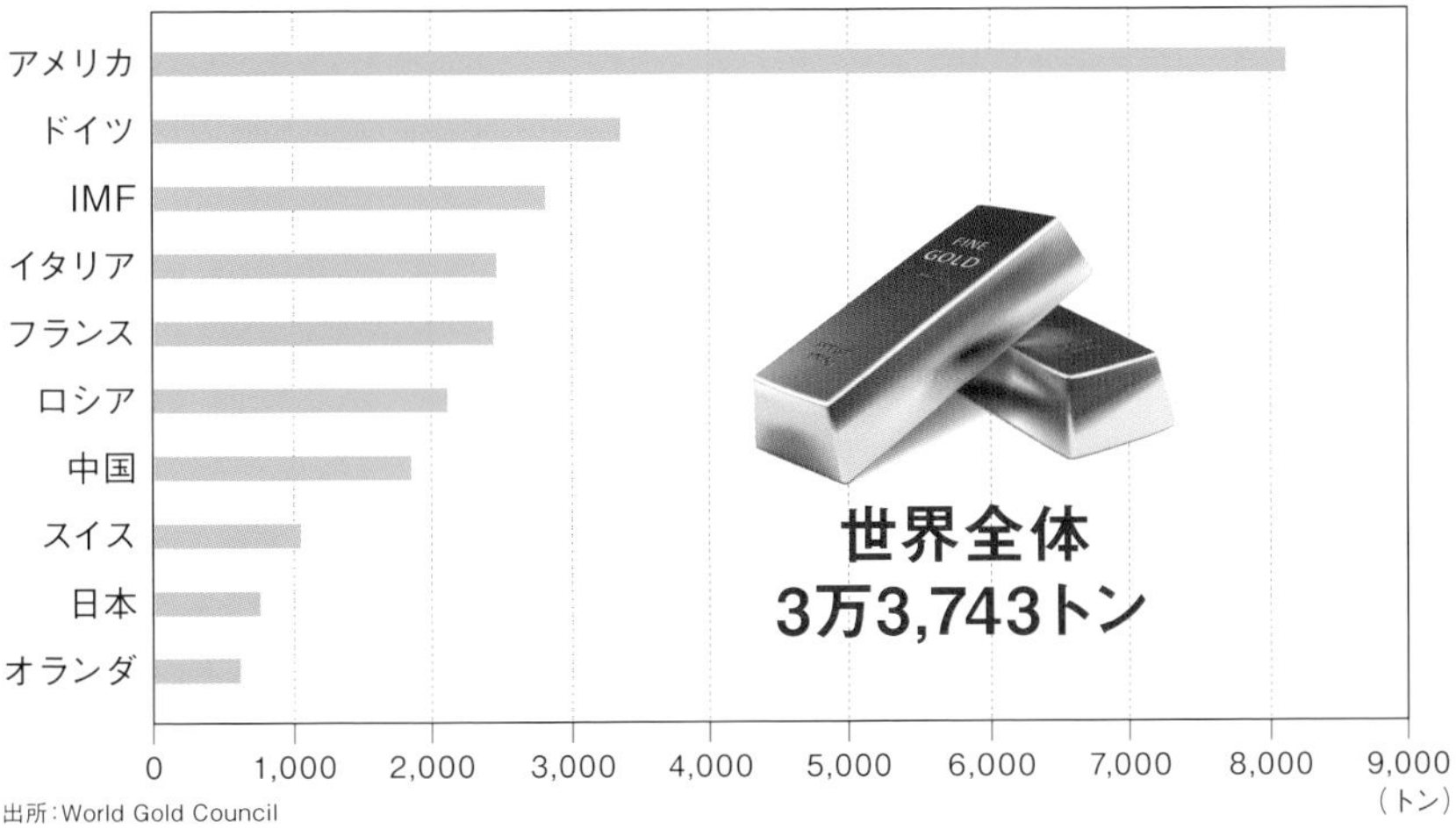

出所：World Gold Council

無価値にならない実物資産のゴールドは、危機時に圧倒的な強さを発揮する

⑤「仮想通貨」はいずれ無価値になる

▼政府の管理下にない仮想通貨は、やがて政府に駆逐される可能性大

第2章で詳述するように、「完全に理解しているもの以外に手を出すと失敗する」というのが私の持論だ。

2020年2月時点で、ビットコインは1BTC＝1万ドル付近で推移していたが、私はその状況を〝クレイジー〟だと思っていた。その後、新型コロナウイルスの影響で株価が暴落した局面で、ビットコインも暴落した。このことはビットコインがゴールドのような安全資産にはならないことを示したといっていいだろう。

インターネット上で仮想通貨（暗号資産）を使って世界中に送金ができ、手数料が既存の銀行よりもはるかに安かったら普及するだろう。国家にとっても現金をなくせば、お札やコインをつくるコストはなくなり、流通コストも削減できる。しかも、インターネット上ですべての国民の残高を管理できるのだからメリットも大きい。

もし政府が紙幣や硬貨をすべてデジタルで管理すれば、好ましくないことではあるが、私たちの消費行動を把握できる。中国がデジタル人民元を開発するのは、それが大きな目的のひとつだろう。まだ模索している段階だが、日本をはじめとする6ヵ国の中央銀行と国際決済銀行（BIS）も中央銀行デジタル通貨（CBDC）の議論を始めている。

しかし、ビットコイン、イーサリアム、リップルなどの仮想通貨は、政府の管理外にある。各国政府は管理が行き届かない通貨を野放しにするわけはなく、いずれ圧力をかけるはずだ。**やがて仮想通貨は政府の圧力によって消えていく。その結果、価値はゼロになる**と私は見ている。最終的に反逆者は権力に勝てない——その事実は忘れてはいけない。

時価総額上位10位の仮想通貨(2020年3月20日現在)

仮想通貨名	ティッカー	時価総額(億円)	価格(円)
ビットコイン	BTC	126,728	693,218
イーサリアム	ETH	16,412	14,893
リップル	XRP	7,716	17.60
テザー	USDT	5,073	109.3
ビットコインキャッシュ	BCH	4,622	25,198
ビットコインSV	BSV	3,632	19,802
ライトコイン	LTC	2,784	4,326
イオス	EOS	2,358	256.3
バイナンスコイン	BNB	2,095	1,348
テゾス	XTZ	1,318	187.0

出所:CoinMarketCap

ビットコインの価格推移(2016年1月〜2020年3月、週次)

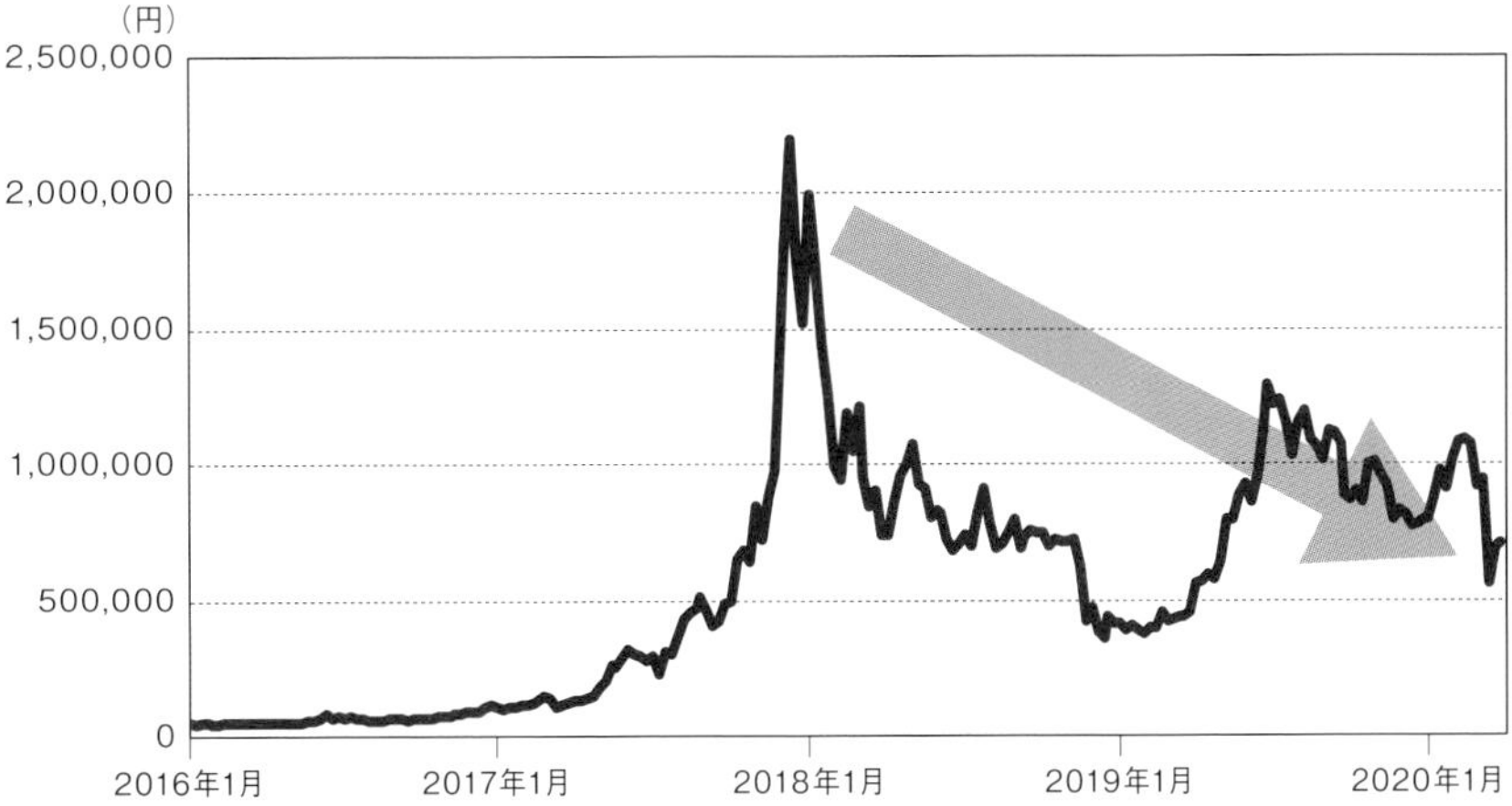

出所:bitFlyer

Advice from Jim Rogers

仮想通貨はいずれ各国政府によって
圧力をかけられ、いずれ価値はゼロになる

↑豪華な両階段の自宅エントランスホール。 1. 豪邸が並ぶ高級住宅街にある外観。 2. 3階の廊下から階下を見る。 3. 3階からはプールが見える。

3

2

1

ジム・ロジャーズの豪邸拝見

シンガポール・チャンギ空港から車で45分ほど走った高級住宅街に
世界三大投資家の一人、ジム・ロジャーズ氏の3階建て豪邸は建っている。
7ベッドルーム・11バスルームにプールもついた住まいで、彼はいったい
どんな生活をしているのか。その一端をのぞいてみよう。

5

6

4

4.豪邸のなかでも比較的狭い一室がジム・ロジャーズの仕事場兼書斎。机上のパソコンを使ってスカイプで海外からの取材に応じていた。 5.3階の廊下が広くなっているところがリビングスペース。ここでカラオケをすることがあるそうだ。 6.大豪邸には欠かせないプール。プールの奥にある三角帽子型の屋根の下はトレーニングスペースになっている。 7.卓球台が置かれた部屋。ここには家族が描かれた絵や写真がたくさん飾ってある。 8.お姫様の部屋のような次女ビーさんの部屋。シンガポールのみならず東南アジア全域で人気の K-POPスターのポスターが貼ってある。 9.大きなピアノが置かれた部屋。取材時にはピアノの家庭教師がやってきて1時間ほど次女ビーさんはレッスンを受けていた。

9

7

8

ジム・ロジャーズのある1日

小学校に通う愛娘の送迎にハードなエクササイズ、その合間を縫ってビジネスに集中。
「伝説の投資家」の日常は、77歳とは思えないほどハードなものだった。

★次女を学校へ送る

次女ビーさんを自宅からほど近いところにある小学校まで夫人とともに送っていくのが日課。父親業を心の底から楽しんでいるようだ。

★朝食

娘を学校まで送って戻ると、ラジオのニュースが流れるダイニングへ。住み込みのメイドさんが作った朝食を食べながら、新聞2紙を丹念に読み込んでいく。この日のメニューはスコーンとコーヒー、スイカとナシ。

★スカイプで取材を受ける

世界中から取材の依頼があるため、スカイプで取材を受けることも珍しくない。この日はドイツ人ジャーナリストの取材を受けていた。

AM9:00

★エクササイズ

エクササイズも大切な日課。自宅プールサイドにあるトレーニングスペースで毎日約1時間エアロバイクをこぐ。その最中も備え付けパソコンでBBCのニュースサイトやメールをチェックするなど、情報収集を怠らない。

★次女のお迎え

時間がある時は、学校に迎えに行く。何よりも娘を最優先にして、楽しそうに学校の送迎に付き添う姿が印象的だった。

★来客・ミーティング

自宅には、たくさんの人が訪れる。この日は、シンガポール人のビジネスパートナーが訪れ、1時間ほどミーティングをしていた。

ジム・ロジャーズ氏の一日は、「パパ」から始まる。まだ夜が明けきらない朝6時に起床すると、さっと着替え、ペイジ・パーカー夫人が運転するクルマの後部座席に次女ビーさんと乗り込む。ビーさんが通うのは、シンガポールでも有名な名門小学校だ。ちなみに、高校生になった長女ハッピーさんは、親元を離れ、イギリスの寄宿学校に留学している。

次女を学校に送って自宅に戻ると、「パパ」から「投資家」になる。ダイニングスペースでラジオから流れるニュースをBGMに、『フィナンシャル・タイムズ』『ザ・ストレーツ・タイムズ』の2紙を、朝食をとりながら時間をかけてじっくりと読む。

取材依頼は世界中から来る。この日は午前9時から書斎のパソコンで

Illustration: Farizun Amrod Saad / Shutterstock.com

PM6:00

★外出・夕食会へ

中国大使館で行われる夕食会に夫人を伴って出席。中国大使館のエントランスまでは入れたが、それより先は撮影不可。77歳になっても朝から夜まで精力的に活動するジム・ロジャーズは、プライベートを最優先しながら、ビジネスもマイペースで楽しんでいる印象だ。

ドイツからのスカイプによるインタビューを受け、それが終わると慌ただしくプールサイドのトレーニングスペースに移動し、エアロバイクとウエイトトレーニングに1時間半ほど費やした。この間もエアロバイクに備え付けられたパソコンで情報収集していた。

　その後、ビーさんを迎えに行って戻ると、2人で仲良く話しながらランチの時間（サーモンとアボカドのサラダ、ポーチドエッグ、ブラウンライス（玄米）、緑茶）。

　来客も頻繁だ。この日はシンガポールの投資家が訪れ、ビジネス・ミーティングを行っていた。しばしの休憩をはさんで着替えると、夫人を伴い、中国大使館で行われる夕食会へ。77歳とは思えないほど精力的な一日を過ごしていた。

年表

1942年／アメリカ・メリーランド州で生まれ、アラバマ州で育つ

1947年／5歳でピーナッツ売りの商売を始める

1964年／イェール大学卒業

1966年／オックスフォード大学卒業

1968年／見習いアナリストとしてウォール街で働き始める

1970年／投資銀行に入社。ジョージ・ソロスと出会う

1973年／ソロスとクォンタム・ファンドを設立。10年足らずで4,200%超のリターンを叩き出す

1989年／テレビ番組の司会者を務める

1990年／オートバイによる世界一周旅行に出る

1992年／走行距離 10万キロ超の世界一周旅行を終える

1994年／『Investment Biker: Around the World with Jim Rogers（邦題: 冒険投資家ジム・ロジャーズ 世界バイク紀行）』を出版

1998年／ロジャーズ国際商品指数（RICI）を設立

1999年／のちに妻となるペイジ・パーカーと自動車による2度目の世界一周旅行に出る

2000年／ペイジ・パーカーと結婚

2002年／世界一周旅行を終える。116ヵ国をめぐってギネス記録を更新。長女ハッピー誕生

2003年／『Adventure Capitalist（邦題: 冒険投資家ジム・ロジャーズ世界大発見）』を出版

2007年／ニューヨークからシンガポールへ移住

2008年／次女ビー誕生

《ジム・ロジャーズ写真館》

豪邸のあらゆるところに写真や絵などが掛けられており、まるでジム・ロジャーズ記念館のよう。これまでの足跡がわかるその一部を紹介。

● 幼少～学生時代

1

2

3

1. 5人兄弟の長男として生まれた幼少時のジム・ロジャーズ。 2. 子どもの頃はリトルリーグに所属。3. オックスフォード大学時代には伝統のケンブリッジ大との対抗戦にコックス（舵手）として出場（背中を向けているのがロジャーズ）。

● 世界一周

4

5

6

7

4. 最初の世界一周はバイクで六大陸 10万4,700kmを走破した。 5. 2度目の世界一周は現在の夫人ペイジ・パーカーと改造ベンツで24万5,000kmの旅に。ギネスのワールドレコードに認定されている。 6. 2度目の世界一周をまとめた『Adventure Capitalist（邦題: 冒険投資家ジム・ロジャーズ 世界大発見）』のパネル。7. 2度目の世界一周の道中、ロジャーズ夫妻は、イギリスのヘンリー・オン・テムズで結婚した。

（上）学校から帰宅した次女ビーさんと２人でランチをとるジム・ロジャーズ氏。年の離れた親子だが、仲良く話している姿が印象的だった。（右下）２人の娘がまだ幼いころの家族写真。幸せなオーラが漂ってくる1枚だ。（左下）ジム・ロジャーズ邸の広いエントランスホールには、さまざまな写真や絵が壁に掛けられてあり、ミニ美術館のようになっている。そのうちの1枚。ジム・ロジャーズ氏の若かりしころの姿を見ることができる。

第2章

世界経済を読む5つのポイント

リーマンショックやトランプ氏の大統領当選など、これまでに数々の予測を的中させてきたジム・ロジャーズは、いかにして未来を読んできたのか。成功するための将来予測の考え方、世界はどうなっていくのかの見通しについて語る。

ポイント① 未来を見通す眼力を身に付ける

① 繰り返される「歴史」に学ぶ

▼未来を見通したいなら、まず過去を振り返れ

成功したいのであれば、将来を予測しなければならない。それは投資家だけに限った話ではない。一般のオフィスワーカーはもちろんのこと、ミュージシャンでも、プロスポーツ選手でも、成功するためには先を読むことが重要になってくる。しかし、神でもないかぎり、将来を完全に見通すことなど不可能だ。

　私は、**未来を見通す千里眼を身に付けるために役立つもののひとつが「歴史」だと考えている。**

　実際に、これまで私はいつも歴史の流れに目をこらしながら、数年先を見るようにしてきた。歴史は、先を読む力、とりわけお金がどう動くかという未来を教えてくれるからだ。

　世界中で日々さまざまなことが起こっているが、そのほとんどの出来事は同じようなことが以前に起こっており、それが繰り返されている。もちろん、まったく同じ出来事が起きるわけではない。それでも**歴史をひも解くと、同じような出来事が、何度も繰り返されていることが見えてくる。**

　たとえば、新型コロナウイルスは、人類が初めて直面したパンデミックではない。過去を振り返れば、１９１８年には約5億人が感染して世界で４０００万人以上が死亡したとされる「スペインかぜ」、１９５７年に発生して世界で約２００万人が死亡したと推定される「アジアかぜ」、２００９年には、約2万人が死亡したと推定される「新型インフルエンザ（Ａ／Ｈ１Ｎ１）」など、過去１００年で世界は何度かのパンデミックを経験している。

　同様にバブル経済も少しずつ形を変えながら、繰り返

主なパンデミックの歴史

スペインかぜ
1918年-1920年
● 流行地域：世界
● 発生地域：アメリカ
● 推定死者数：
4,000万人〜1億人

約40年

アジアかぜ
1957年-1958年
● 流行地域：世界
● 発生地域：中国・雲南省
● 推定死者数：
100万人〜200万人

約10年

香港かぜ
1968年-1969年
● 流行地域：世界
● 発生地域：香港
● 推定死者数：
75万人〜100万人

約40年

新型インフルエンザ
（A/H1N1）
2009年-2010年
● 流行地域：世界
● 発生地域：メキシコ
● 推定死者数：
1.5万人〜2万人

約10年

新型コロナウイルス
（COVID-19）
2019年-
● 流行地域：世界
● 発生地域：中国・湖北省武漢市
● 推定死者数：
？？？

し発生している。17世紀にはオランダでチューリップの球根が異常な価格まで釣り上がるチューリップ・バブルが起こった。１９２０年代後半には、アメリカで「暗黒の木曜日」によってバブルが崩壊するまで、空前の株投資ブームが起こった。日本でも１９８０年代後半から１９９０年代初頭にかけては、株式や土地、不動産が異常価格まで上昇するバブルを経験した。その後も、ＩＴバブル、仮想通貨バブルと形を変えながらバブルを繰り返している。

『トム・ソーヤーの冒険』で知られる作家マーク・トウェインは「**歴史は同じようには繰り返さないが、韻を踏む**」と言った。リセッション、戦争、飢餓、政情不安、貿易戦争、移民問題などのさまざまな問題は、その形を少しずつ変えながら何度も起きている。

現在、起こっている問題について、過去に類似した問題がなぜ起きたのかを理解することは、その後の経過を類推するうえで、大切な示唆を与えてくれる。ただ、時が流れ、世の中が変われば、まったく同じではなく、少しずつ形を変えながら反復し続ける。どんなにテクノロジーが進歩しようとも、人間が持つ性質など太古から大きくは変わっていない。そうである以上、人間は同じことを繰り返す。

私は歴史に学んでいたことで、数々の「予言」を的中させてきたが、じつは予言といっても神がかったものではない。過去と現在とを照らし合わせて、これから起こることを過去の例から導き出しただけのことだ。

たとえば、リーマンショックが起こる前年から、私はテレビで「もうすぐ崩壊が訪れる」と警鐘を鳴らしていたが、当時、住宅・不動産バブルに狂乱した状態だったアメリカでは、私の言葉をまともに聞く人はいなかった。なかには、ジム・ロジャーズはおかしくなったと思った人もいたかもしれない。

結果はご存じのとおりだ。

私は自分の「予言」が当たったことを吹聴したいわけではない。歴史からそれぞれの出来事の本質を学べば、これから先に起こることが見えてくることをみなさんに知ってほしいのだ。こうした**歴史を振り返って未来を考える「モノの見方」を身に付けることは、これから幾度となく訪れるであろうリセッションにおいても、あなたを助ける強力な武器になるはずである。**

世界で発生した主なバブル

《年》	《バブル名》	《発生地域》	《主要な投資対象》
1637年	チューリップ・バブル	●オランダ	チューリップ
1720年	ミシシッピ計画	●フランス	株式
1720年	南海泡沫事件	●イギリス	株式
1790年代	運河バブル	●イギリス	株式
1840年代	鉄道バブル	●イギリス	株式
1872年-1879年	ウサギバブル	●日本	ウサギ
1915年	大正バブル	●日本	株式・土地・商品
1920年代後半	世界大恐慌	●アメリカ	株式
1969年-1970年	ポセイドン・バブル	●オーストラリア	ニッケル・株式
1987年	ブラックマンデー	●アメリカ	株式
1986年-1991年	平成の資産バブル	●日本	株式・不動産
1992年-1994年	中南米バブル	●メキシコ	株式・不動産
1993年-1997年	アジア通貨危機	●タイ	不動産・株式
1998年-2000年	ドットコム・バブル	●アメリカ	株式
2003年-2006年	住宅バブル	●アメリカ	不動産
2004年-2008年	商品バブル	●世界	商品
2017年-2018年	仮想通貨バブル	●世界	仮想通貨

Advice from Jim Rogers

**これから起こることの答えの多くは、
歴史のなかに隠れている**

②「哲学」が大きな武器になる

▼哲学を学べば、物事の本質に近づくことができる

投資家として成功したいなら、私は哲学を学ぶこともすすめたい。哲学と投資は、直接的な関係がないと思われるかもしれないが、投資家にとって大きな武器になるからだ。

「哲学を学ぶ」と聞くと、カント、ヘーゲル、ハイデガー、フーコーなど、哲学者が書いた難解な哲学書を読まなければいけないのではないかと恐れを抱く人もいるかもしれない。しかし、私は難解な哲学書を理解することが投資に役立つと言いたいわけではない。

私はオックスフォード大学で哲学を学んだが、その経験は今に至るまで大きな助けになっている。大学では、抽象的な問いを投げかけられ、頭の中がパンクしてしまうほど考えなければいけない状況にいつも追い込まれていた。身体は一切動かしていないのに、考えすぎてグッタリしてしまうほどだった。このときの経験によって、私は哲学的な思考法を身に付け、思考力が鍛えられたことは間違いない。

哲学的な思考法には、主に次の2種類ある。

- **観察した事実から結論を描く「帰納《きのう》法」**
- **純粋に論理を基に結論を導く「演繹《えんえき》法」**

いずれも、将来を予測しなければならない投資家にとって必要不可欠な考え方だ。

たとえば、私は過去のマーケットを観察して、株式市場と商品市場の間で、15年から23年のサイクルで上昇トレンドが入れ替わることに気づいた。帰納法で思考する訓練を積んでいなければ、この結論にはたどり着けな

ジム・ロジャーズが影響を受けた本 ❶

『国富論』(全3巻)

● 著:アダム・スミス

● 監訳:大河内一男

● 中公文庫 ● 1,153円(税込)など

《ジム・ロジャーズのひと言》

18世紀のスコットランド人アダム・スミスは私に影響を与えました。スミスは経済を発展させるには、人にやりたいことをさせるのがいいと説きました。彼はそのことを「見えざる手(invisible hand)と呼びました。「見えざる手」は、『国富論』の第4編第2章などに現れる言葉です。つまり、「見えざる手」以外の何者も経済を動かしていないと言ったのです。そして、「見えざる手」により、人はそれぞれのやり方で、やりたいことをやるのがいいと言っています。アメリカでは、政府ではなく、ビル・ゲイツがマイクロソフトを始めたように、起業家が、それぞれの直感や、やりたいことに従ってビジネスを始めました。それが、経済や社会を発展させる最善の方法なのです。

『国家』(上・下)

● 著:プラトン ● 翻訳:藤沢令夫

● 岩波文庫

● 上:1,386円(税込)、下:1,452円(税込)

《ジム・ロジャーズのひと言》

プラトンも重要な思想家です。彼は『国家』という本の中で、社会は「名誉支配制」から「寡頭制」へ、そこから「民主主義」へ進化し、そして「カオス」が生まれ、また最初の「名誉支配制」に戻って、同じことが繰り返されると説いています。実際、人類はそうなっています。その意味で、いい予言をしていると思います。彼は世界がどう動くべきかも説きました。教育を受けた人のほうが国を動かせる、などです。プラトンはアートも好みましたが、頭のいい人によって動かされるべきだと考えました。哲学者がアーティストや人々に正しいことを教えるべきだと。それではプロパガンダになってしまうので、この考え方には同意できません。アーティストはクレイジーであるほど、いいものを生むと私は考えています。

かっただろう。

また、私はケロッグのフレークについて演繹的に考えることで、あるひとつの法則を導き出した。

もし原料価格が下がれば、ケロッグ製品を売る会社の利益はその分増えるので、株価は上がる可能性が高まる。逆に原料価格が上昇すれば、その分利益が減って株価が下落する可能性が高まるだろう。この関係を一般化すれば、株式の上昇局面では商品市場が弱く、株式の下落局面では商品市場が強いという結論を導き出せる。

言われてみれば、当たり前のことかもしれない。しかし、自ら思考して、このような結論を導き出すことと、他人からこうした推論を聞いて、「あぁ、そうだな」と気づくのでは大きな差がある。

このようなことを日常的に考える哲学的な思考法を身に付けた人は、目先の動きに惑わされることなく、世界で起きていることを冷静に、正しく理解できる。

そして、**哲学を学ぶことの有用性のひとつは、疑う力を養えることだ。**「疑問力」と言い換えてもいいかもしれない。

たとえば、日本がバブルのまっただ中にあったときは「地価は絶対に下がらない」と信じられていた。今、そんなことを信じている日本人は誰ひとりいないが、バブル当時に「地価はいずれ暴落する」と言えば、おかしな人と思われたに違いない。当時でも、哲学を学び、思考力を鍛えて疑問力を養っていた人は、「地価がずっと上がり続けることなどあり得ない」と気づいていたはずだ。

過去を振り返り、歴史から学ぶことに加え、哲学的な思考を深めれば、未来に起こることの予測の精度をさらに上げられるということだ。

多くの人は多数派の意見に同意してしまいがちだ。それを盲信して思考を止めてしまうと、多数派の意見の間違いに気づくことはできない。

投資のセオリーは「安く買い、高く売る」というきわめてシンプルなものだが、多くの人はそれを実行できない。他人と違う動きをしなければ、「安く買い、高く売る」ことができないのに、多数派の意見に流されて、「高く買い、安く売る」になってしまうからだ。

世間一般で信じられている物事を疑わずに鵜呑みにするな。そして、自分で考えろ。それができれば投資で成功する道は必ず開けてくる。

ジム・ロジャーズが影響を受けた本 ❷

『マルクス 資本論』（全9巻）

- 著：カール・マルクス
- 編集：F.フリードリヒ・エンゲルス　● 翻訳：向坂 逸郎
- 岩波文庫　● 990円（税込）など

《ジム・ロジャーズのひと言》

彼の経済に関する考え方は間違っていることを教えてくれたという意味で、マルクスからも影響を受けました。彼は、工場などいろいろなものをつくるには資本が非常に重要で、政府が資本を所有すべきと考えました。実際には、クレイジーなアイデアを持つ若者に資本を与えたり、資本を得られやすい環境にして、新しいことをさせるのがいいのです。ホンダやアリババグループ（阿里巴巴集団）はいい例です。日本政府や中国政府なら無理だったでしょう。本田宗一郎やジャック・マーのような起業家に資本を持たせれば、素晴らしい仕事をしてくれるのです。

『法の哲学』（I・II）

- 著：ゲオルク・ヴィルヘルム・フリードリヒ・ヘーゲル
- 翻訳：藤野渉、赤沢正敏
- 中央公論新社　● 各1,650円（税込）

《ジム・ロジャーズのひと言》

ヘーゲルは、テーゼ（thesis＝命題）、つまり、アイデアを思いついたら、アンチテーゼ(antithesis)が出てくると考えました。たとえば、シーサスに対してノーという人が出てくるし、競争する人が出てくるということです。どんなこともテーゼになりえます。テーゼが生まれたら、アンチテーゼも生まれます。そこから、ジンテーゼ（synthesis＝統合命題）を発展させると言っている。ジンテーゼは、新しいアイデアであり、新しいやり方、新しい行動です。その意味で、彼は「間接的なエコノミスト」なのです。

Advice from Jim Rogers

大多数に従って成功した者はいない。
周囲が馬鹿にしたら成功の兆候だ

ポイント❶ 未来を見通す眼力を身に付ける

③ 自分の「眼」で世界を感じよ

▼世界を自分の眼でみれば、誰も気づいていないチャンスだって見つけられる

投資で成功するためには、本を読んだり、ビジネス・スクールで学ぶことも役に立つだろうが、それ以上に、**世界を見ることのほうが得られるものがはるかに多い**と私は思っている。現地の人と話をして、生活の様子を観察する。面白そうなことがあったら行動してみる。こうして「大きな変化」を肌で感じ取る。だから、私はこれまでに、バイクと自動車で2度、世界一周をしたのだ。6大陸の116ヵ国を訪ね、そこで見たり経験したことは、何にも代えがたいものになっている。

「これからはアジアの世紀だ。中国の時代だ」と確信したのは、中国を何度も訪れ、各地で人々が一生懸命働く姿を見て、将来性があると感じたからだ。まだ誰も中国に投資をしていなかったころに、現地で株を購入したほどだ。その後、少なくない利益を手にしたが、現地に行っていなければ、そんな行動はしていなかっただろう。

2007年に家族でシンガポールに移住したのも、そうした変化を感じ、幼い娘に中国語（北京語）を学ばせたいと思ったからだ。おかげで今では彼女たちは自在に北京語を操る。仮に私の予測が外れて、中国の時代が来なくても、10億人以上の人が母語にする言語を話すことができれば損することはないだろう。

海外に出たことのある人と、自国しか知らない人とでは大きな違いがある。自分が生まれた国しか知らなければ、自国のいいところ、悪いところすら客観的に見ることができない。こうしたことはモノの見方に大きな違いを生む。住み慣れた場所を離れ、**見知らぬ土地に飛び込んでみてほしい。そこには成功につながる機会が転がっているかもしれないのだから。**

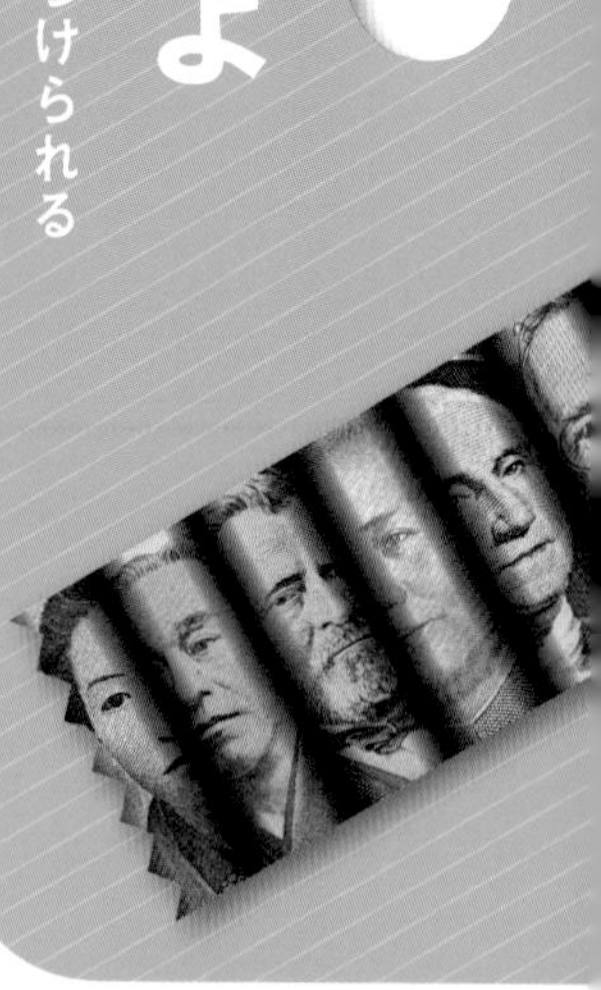

ジム・ロジャーズが2度の世界一周で訪問した主な国

アイスランド	ガーナ	タイ	フランス
アイルランド	カザフスタン	タンザニア	仏領ポリネシア
アゼルバイジャン	カタール	チェコ	ブルガリア
アメリカ	カナダ	中国	ベネズエラ
アラブ首長国連邦	カメルーン	チリ	ペルー
アルゼンチン	韓国	デンマーク	ベルギー
イギリス	キルギス	ドイツ	ボリビア
イタリア	ケニア	トルクメニスタン	ポルトガル
イラン	コスタリカ	トルコ	マダガスカル
インド	コロンビア	ナイジェリア	マレーシア
インドネシア	サウジアラビア	日本	南アフリカ
ウズベキスタン	ジョージア	ニュージーランド	ミャンマー
ウルグアイ	シンガポール	ノルウェー	メキシコ
エジプト	ジンバブエ	パキスタン	モナコ
エチオピア	スイス	ハンガリー	モロッコ
オーストラリア	スウェーデン	バングラデシュ	モンゴル
オーストリア	スペイン	フィンランド	ルクセンブルク
オランダ	セネガル	ブラジル	ロシア

《1999年1月1日～2012年1月5日：116ヵ国／24万5,000㎞》

Advice from Jim Rogers

**机に座って勉強するのもいいが、
外に出て実際に体験し、視野を広げよう**

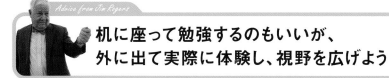

ポイント❶ 未来を見通す眼力を身に付ける

④わかるものだけに投資する

▼大金を手にしたいなら集中投資をすること。分散投資は遠回りにしかならない！

投資家として成功を収める唯一の方法は、自分自身がよく知っているものに投資をすることだ。

誰でも人より詳しいものがあるはずだ。それは何か特定分野でなければいけないということはない。もしあなたがスポーツに詳しいのなら、スポーツに関連する分野に投資すればいいし、自動車が好きなら、その分野に投資すればいいということだ。

それは投資する金融商品についても同じことがいえる。あなたが株式の仕組みを知らずに株式投資するべきではないし、不動産取引の知識がないのに不動産投資をしてはいけないということだ。

「分散投資をすればリスクを抑えられる」という言葉をよく目にする。この言葉を盲信してしまうのもよくない。もしあなたが自動車業界に精通しているのに、リスクを分散するために、興味も知識もない債券や不動産に分散投資しようと考えるのは間違っている。「自分自身がよく知っているものに投資する」という原則から外れてしまうからだ。

もしあなたが大金を手にしたいなら、分散投資をしても、それは実現できない。

たとえば、日本がバブル相場になる以前に日本株に集中投資をしてバブル崩壊前に売却し、アメリカのＩＴ関連株に買い替えて2000年に売っていれば、あなたは今ごろ大富豪になっていた。これとは逆に、あらゆる株式や商品に分散投資をしていたら、たいして儲からなかっただろう。たしかに**分散投資をすれば損失の変動が抑えられるが、資産が大きくなるのに時間がかかるというデメリットもある**ということだ。

集中投資と分散投資の違い

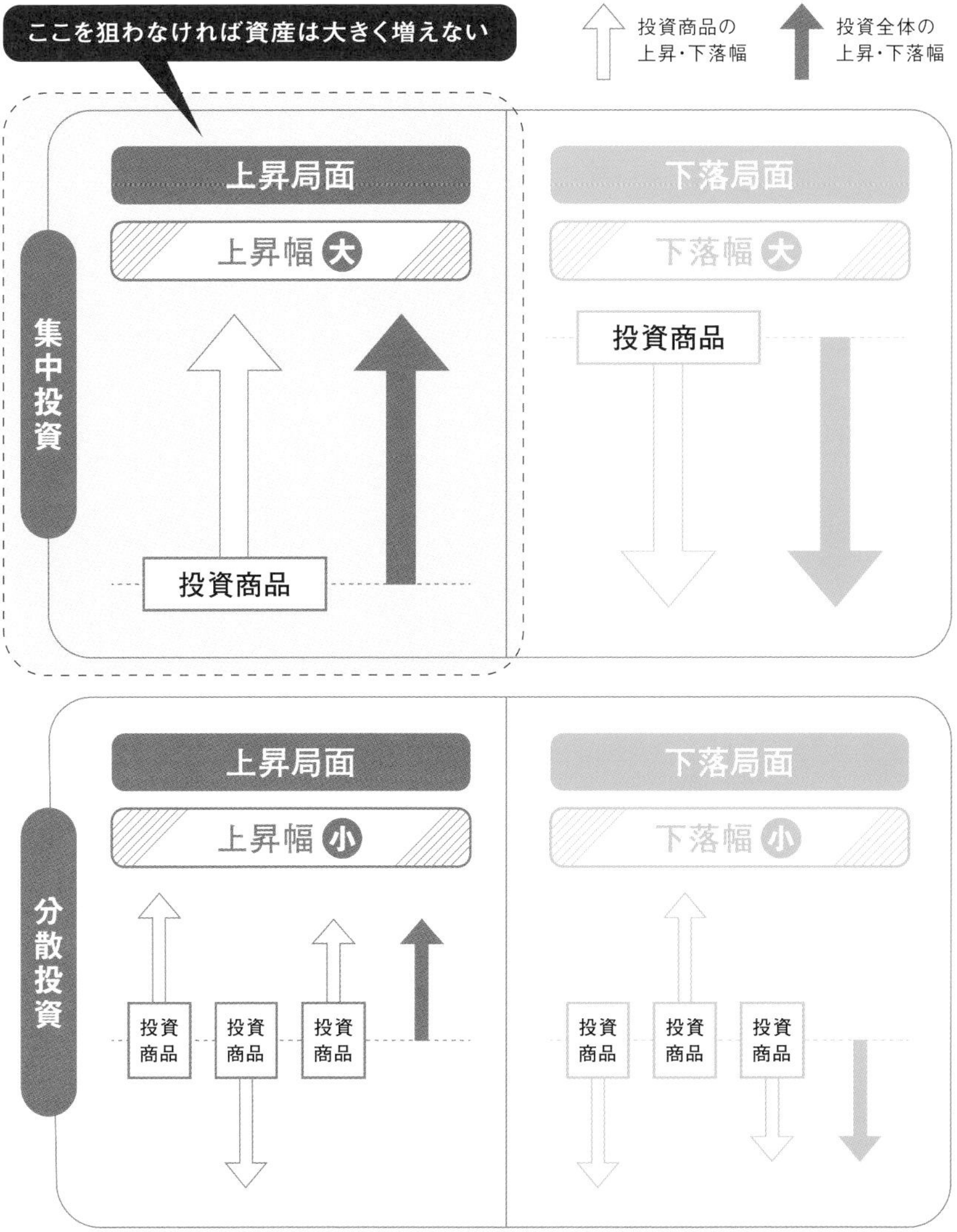

大金を手にしたいなら、
知っているものに集中投資することだ

ポイント❶ 未来を見通す眼力を身に付ける

⑤ わからないなら何もするな

▼資産を増やすために大事なのは、「何かをする」ではなく、「何もしない」こと

成功している投資家は普段、どんなことをしているのだろうか。忙しく株式をトレードしているのだろうか。

じつは、何もしない時間が長い。何かを見つけるまで待ち、そして10年でも20年でも成長を待っているものだ。つまり、多くの成功した投資家はたいてい何もしていないのだ。

多くの投資家は「いつも相場に参加していないといけない」と思ってしまう習性があるが、**わからないときは何もせずにじっとしていることが大切だ**。私が投資家として成功するための秘訣として言えるのは、**安いものを見つけ、変化があったら投資し、機が熟して上昇するまで、じっと我慢して待つ**ということだ。うまくいけば、長い時間をかけて上昇の果実が享受できる。

しかし、たいていの人は、何かに追い立てられているかのようにオロオロして、「何かしなければいけない」と思っている。こういう人は、仮に買ったものが10倍になって利益を確定させると、「もっと何かしなければいけない」と考える。しかし、このときも最初に投資をしたときのように、次の何かが見つかるまで何もしてはいけない。言葉で言ってしまえば簡単に聞こえるだろうが、こういうときにビーチでリラックスしたり、部屋にこもって読書をしたりできる人は少ないものだ。

「何もしない」ことこそが投資家にとって、とても大事であることを心に留めてほしい。たとえ、チャンスを見逃してしまっても、次のチャンスはいずれ必ずやってくる。わからないまま相場に飛び込んで、お金を失ってしまうぐらいなら、低金利の銀行にお金を預けていたほうがよほど賢いということを忘れてはいけない。

「じっと待つ」「何もしない」ことが成功の秘訣

❶ わからないときは「じっと待つ」

人生で「わかる」と思えるようなときは少ない。「わかる」と思えるまで「じっと待つ」。その忍耐力の有無が成否を分ける。

❷ 安いものを見つけ投資する

自分がわかる分野を調べながら、「安いもの」を見つけたら投資する。「安く買う」は投資の基本だが、それを忘れてしまう人が多い。

❸ 機が熟すまで「じっと待つ」

投資前も、投資後も、「何もしない」ことが大事だ。どうしても相場が気になってしまう人は、相場から離れることも大事だ。

❹ 利益を確定させる

機が熟したら、利益を確定させる。大きな利益を手にしても、わからないなら次のチャンスまで「じっと待つ」ことだ。

Advice from Jim Rogers

投資家は、いかに大半の時間を「何もせず」に過ごせるかが大事だ

ポイント1 未来を見通す眼力を身に付ける

6 自分で考えなければ失敗する

▼投資を始めると、誰かの意見に頼りたくなるが、それは失敗の始まりだ

投資を始めれば、少なからず不安を抱えることになるだろう。そのときは他人の意見を聞きたくなるものだ。たとえば、今、この本を読んでいるあなたも、私の意見を聞きたいと思っているのかもしれないが、私の言うことだって聞くべきではない。もちろん、テレビやインターネットの情報も盲信してはいけない。

これは、誰かから与えられたヒントやアドバイスに基づいて投資をしたほとんどのケースで損してきた私自身の経験則から導き出された法則だ。そんな失敗をしたからこそ、すでに述べた「自分がよく知っているものにだけ投資する」という私のポリシーにたどりついたわけだ。

他人に依存したくなる心をなくすためには、投資についてさまざまな勉強をすることが大事になってくる。

投資対象として考えている会社の経営状態や財務諸表のみならず、顧客、業界、競合まで分析をして、その会社について深く知ることだ。それぐらい深く知り、理解できなければ、私は投資をしないというよりも、できないと考えている。

私は毎日朝食を食べながら、『フィナンシャル・タイムズ』（イギリスで発行されている経済紙）と『ザ・ストレーツ・タイムズ』（シンガポールを代表する新聞）の2紙の隅々まで目を通している。また、日課となっているエアロバイクをこぎながら、インターネットでBBCなどにアクセスして最新情報をいつも収集している。

こうした**地道な積み重ねを長年続けていると、自分の心の声が聞こえてくるときがある。**他人の意見は聞かず、自分の心の声に従うこと。私はそれを実践するようになってから、幸運に恵まれるようになった。

ジム・ロジャーズが欠かさずチェックする情報源

フィナンシャル・タイムズ

Financial Times

2015年11月に日本経済新聞社傘下になったイギリスで発行されている高級経済紙。通称は「FT」。サーモン・ピンク色の紙が特徴になっている。日本経済新聞電子版の有料会員は一部の翻訳記事が読める。

ザ・ストレーツ・タイムズ

The Straits Times

1845年に創刊したシンガポールを代表する英字日刊紙。東南アジア全域に影響力を持つとされる有力紙だ。シンガポール政府の「代弁者」と呼ばれることもあり、政府寄りの報道が多いとされる。

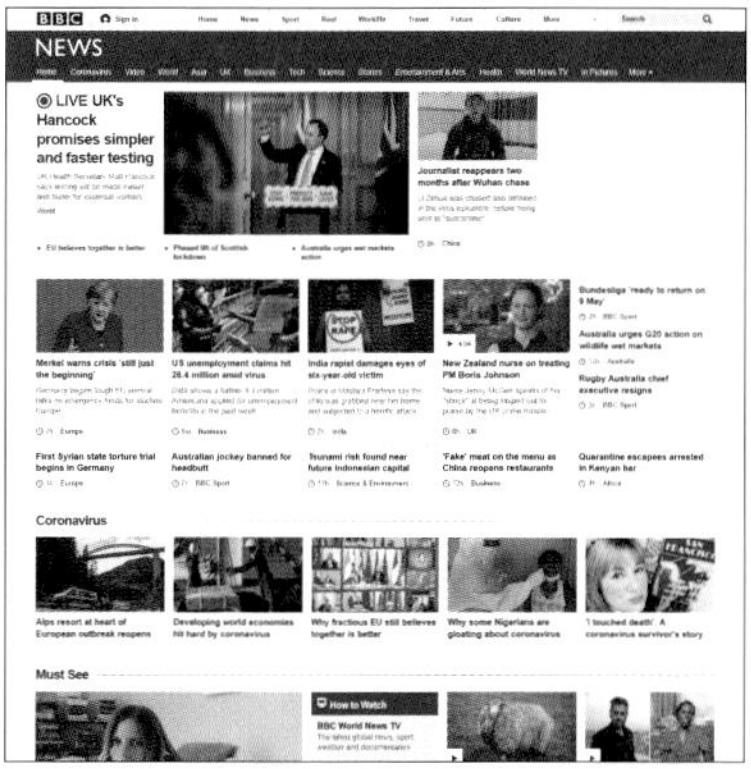

BBCニュース

BBC News

イギリスの公共放送局である英国放送協会（BBC）が運営するニュースサイト。日本語版サイトもあるので英語が苦手でも読める。日本語版のYouTube公式チャンネルも用意されている。

Advice from Jim Rogers

成功したいなら、人の意見は聞くな。私の意見だって聞いてはいけない

①新型コロナウイルスは危機の始まり

▼私の人生で最悪の弱気市場がやってきた！

私は以前からリーマンショックを超える危機がやってくると言ってきた。新型コロナウイルスは、そのトリガーを引いたといえる。

「第2波」の到来が危惧される中、今後どこまで経済が落ち込み、弱気相場がいつまで続くかはわからない。ただ、過去の弱気相場では、事実として50〜70%下がることがあった。株式銘柄によっては80〜90%下がり、一部は市場から退場を余儀なくされる。それが弱気相場というものだ。2008年のリーマンショックのとき、何が起こったのかを思い出してほしい。当時はゴールド相場でさえしばらくの間は低迷したように、今回もすべてが崩壊するかもしれない。

コロナの問題は、リーマンショックのときよりはるかに状況が悪い。企業は生産削減や工場閉鎖を余儀なくされてグローバル・サプライチェーンは麻痺し、モノの動きが止まった。各国政府はコロナの蔓延を遅らせるためにロックダウン（都市封鎖）して、人の流れを断ち切った。ヒトとモノが止まったことによる多大な損害を補うべく、ただでさえ膨らんでいた政府と企業の債務は、さらに莫大な額が追加された。とくにアメリカでは2兆ドル（約220兆円）という途方もない額の経済対策法案にトランプ大統領が署名した。

債務の増加により、**経済の混乱を終わらせるには予想以上に時間がかかり、今後数年間で「私の人生で最悪の弱気相場」がやってくることは確実になった。**

中国はコロナにうまく対応し、アメリカは初動が遅れて被害を拡大させたが、これは両国が果たす経済的役割の変化を促すことになるかもしれない。

「世界経済見通し（WEO）」の予測一覧

2020年4月時点の予測。コロナの終息が見通せないため、さらなる下振れリスクは大きい

（単位：%）

	2019	予想 2020	予想 2021
世界GDP	**2.9**	**▲3.0**	**5.8**
先進国・地域	**1.7**	**▲6.1**	**4.5**
▶アメリカ	2.3	▲5.9	4.7
▶ユーロ圏	1.2	▲7.5	4.7
ドイツ	0.6	▲7.0	5.2
フランス	1.3	▲7.2	4.5
イタリア	0.3	▲9.1	4.8
▶日本	0.7	▲5.2	3.0
▶イギリス	1.4	▲6.5	4.0
新興市場国と発展途上国	**3.7**	**▲1.0**	**6.6**
▶アジアの新興市場国と発展途上国	5.5	1.0	8.5
中国	6.1	1.2	9.2
インド	4.2	1.9	7.4
ASEAN原加盟5ヵ国（※）	4.8	▲0.6	7.8
▶ヨーロッパの新興市場国と発展途上国	2.1	▲5.2	4.2
ロシア	1.3	▲5.5	3.5
▶ラテンアメリカ・カリブ諸国	0.1	▲5.2	3.4
▶中東・中央アジア	1.2	▲2.8	4.0
▶サブサハラアフリカ	3.1	▲1.6	4.1
世界貿易額（財およびサービス）	**0.9**	**▲11.0**	**8.4**
● 輸入			
先進国・地域	1.5	▲11.5	7.5
新興市場国と発展途上国	▲0.8	▲8.2	9.1
● 輸出			
先進国・地域	1.2	▲12.8	7.4
新興市場国と発展途上国	0.8	▲9.6	11.0
● 一次産品価格（米ドル）			
原油	▲10.2	▲42.0	6.3
燃料以外（一次産品の世界輸入量に基づく加重平均）	0.8	▲1.1	▲0.6

※インドネシア、マレーシア、フィリピン、タイ、ベトナム　出所：IMF「世界経済見通し（WEO）（2020年4月）」

Advice from Jim Rogers

新型コロナウイルスは、私の人生で最悪の弱気相場の到来を早めた

② 世界の「経済成長率」は鈍化する

▼新型コロナウイルスは燻り続けていた景気減速のトリガーを引いた！

２０２０年１月にＩＭＦ（国際通貨基金）が公表した「世界経済見通し」では、世界経済成長率は２０１９年の推計２・９％から２０２０年の３・３％、２０２１年の３・４％へと上昇すると予測していた。ところが、新型コロナウイルスの流行を受け、３月にはＩＭＦのゲオルギエワ専務理事が、「２０２０年の世界経済の成長率は、２０１９年を大きく下回ると見ている」と指摘した。

２０００年以降、世界経済成長率は2年連続で３％を下回ったことはなかったが、２０２０年が２０１９年の２・９％を大きく下回ると１９９０年初頭以来になる。リーマンショック以降、10年にわたって景気拡大局面が続いていたが、それが永遠に続くわけがない。

ＩＭＦは、コロナの震源地となった中国が１９９０年以来初めて６％を割り込むという予測をしている。そもそもコロナの問題が起こる前から中国経済はスローダウンしていた。高度成長が始まってから25年超というのは非常に長い期間だ。コロナは、リセッションのトリガーとなった可能性が高く、さらなる経済成長の鈍化は不可避だろう。

歴史を振り返れば、好況と不況が循環することを誰もが知っている。今後もそれが変わることはない。**リセッションが起きるのはノーマルなことであり、いいことだ。**

私は数年前から「第2の世界金融危機は近づいている、いや始まっているかもしれない」と言ってきた。今回のコロナ対策で、各国が人の移動を制限したことは世界経済にとって最悪の事態だ。さらなる景気減速が迫っている。これから数年は私の人生の中でも最悪の時期となってしまうだろう。

世界全体の実質GDP成長率の推移(1990年～2019年)

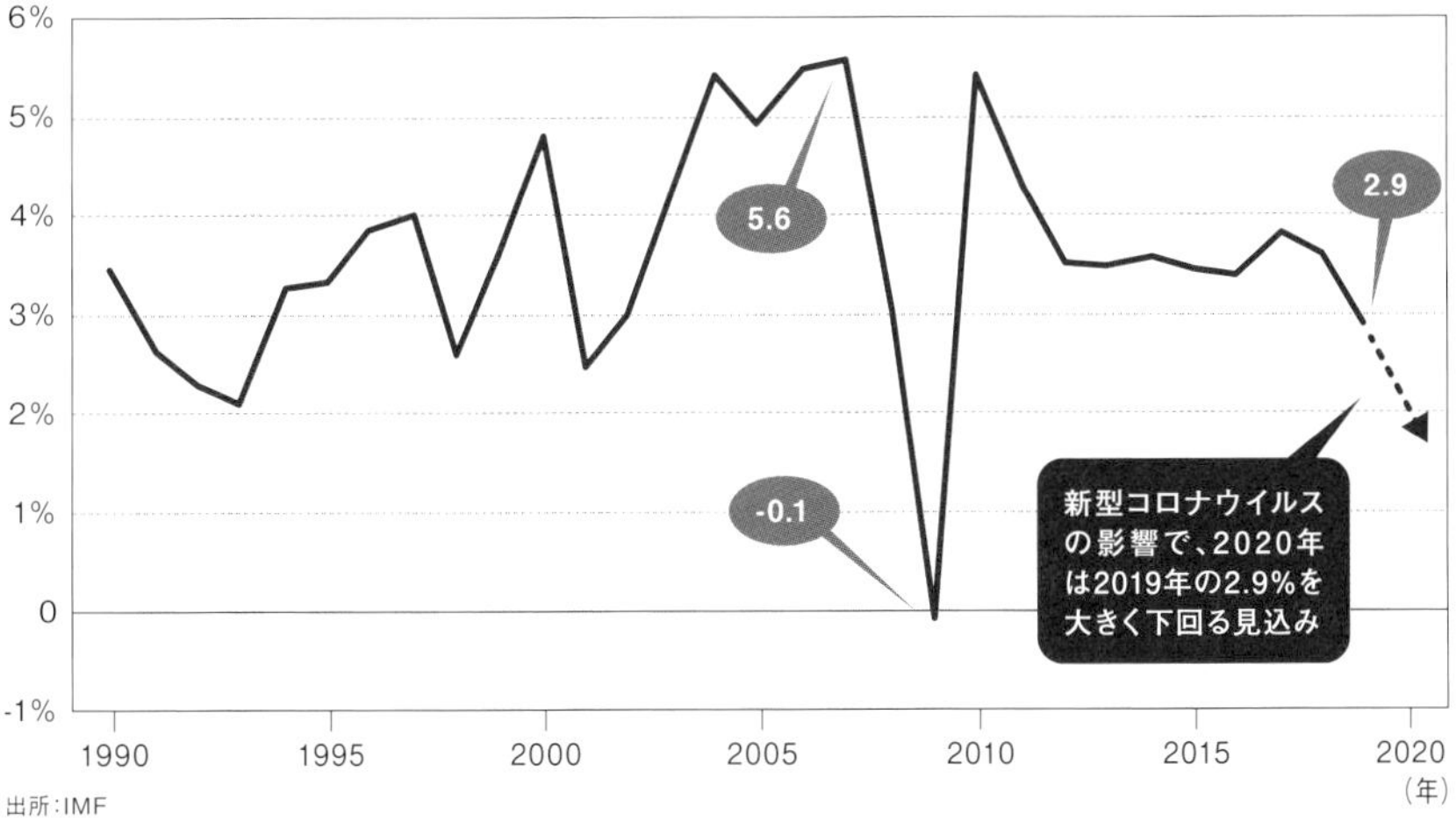

出所:IMF

主要国の実質GDP成長率の予測

国・地域名	2019	2020 2020年3月の予測	2020 2019年11月の予測との差	2021 2020年3月の予測	2021 2019年11月の予測との差
世界	2.9	2.4	-0.5	3.3	0.3
G20	3.1	2.7	-0.5	3.5	0.2
アメリカ	2.3	1.9	-0.1	2.1	0.1
日本	0.7	0.2	-0.4	0.7	0.0
中国	6.1	4.9	-0.8	6.4	0.9
ユーロ圏	1.2	0.8	-0.3	1.2	0.0
ドイツ	0.6	0.3	-0.1	0.9	0.0
フランス	1.3	0.9	-0.3	1.4	0.2
イタリア	0.2	0.0	-0.4	0.5	0.0

OECDが新型コロナウイルス問題発生後の2020年3月に発表した経済予測。発表後に欧米で感染者・死亡者が急増し、各国が人の移動を厳しく制限したため、下振れの可能性大！

出所:OECD

Advice from Jim Rogers

各国がヒト、モノの移動を制限したことで、世界中の景気が悪化することは不可避

③ 増え続ける「債務残高」に注目

▼過剰なまでに膨れ上がった債務がこれから大きな問題を引き起こす

２００８年にアイスランドで経済危機が起きたとき、多くの人は気にも留めていなかった。その後、欧米の金融機関が破綻し、資金繰りが悪化した。そして、２００８年９月に、リーマン・ブラザーズが倒産した。それまでの兆候を見逃してきた多くの人は、リーマンショックが起きて何かがおかしいと気づいた。

このときもアメリカは債務を抱えていたが、以降、その額は膨らみ続けている。**２０１９年10月末、米国の公的債務残高が初めて23兆ドル（約２５００兆円）を超えた。**トランプ政権が行った大型減税による税収ダウンと国債発行の増加がその原因だ。それはアメリカに限らず世界中で起きている。新型コロナウイルスの問題をきっかけにしたリセッションの悪影響が債券市場へ本格的に及ぶことになれば、状況はより深刻なものになる。

各国の中央銀行はさまざまな対策を講じている。それによって株価の下落は止まるかもしれないが、対症療法的な間違った解決策を講じても状況をさらに悪化させるだけだ。リーマンショックのとき、４兆元（当時のレートで約57兆円）の景気対策を打ち出し、「世界を救った」と賞賛された中国も地方政府や国有企業の債務が急増し、かつてのような余力がなくなっている。

２０１８年には、ラトビアの銀行が破綻し、アルゼンチンやトルコ、インドの銀行でも問題が起きた。深刻な財政状況の国も増えており、２０２０年３月にはレバノンがデフォルト（債務不履行）した。ブラジル、トルコ、アルゼンチンも危機に瀕している。**今後も国、企業のデフォルトが増えるだろう。これから過剰な債務のツケを払わなければならなくなるということだ。**

政府債務残高対GDP比(2005年〜2018年)

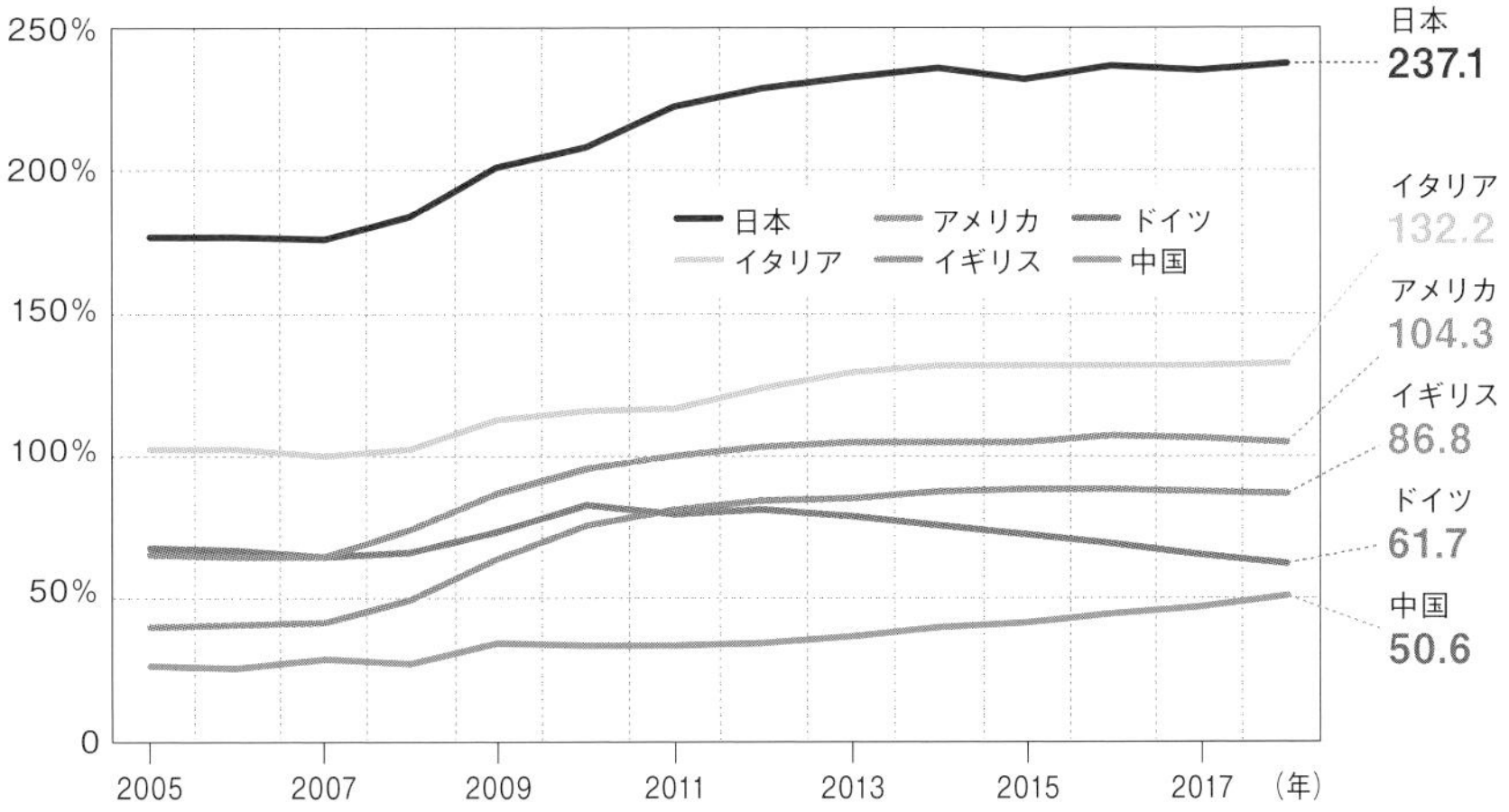

出所：IMF

米連邦政府の債務残高の推移(2000年〜2019年10月)

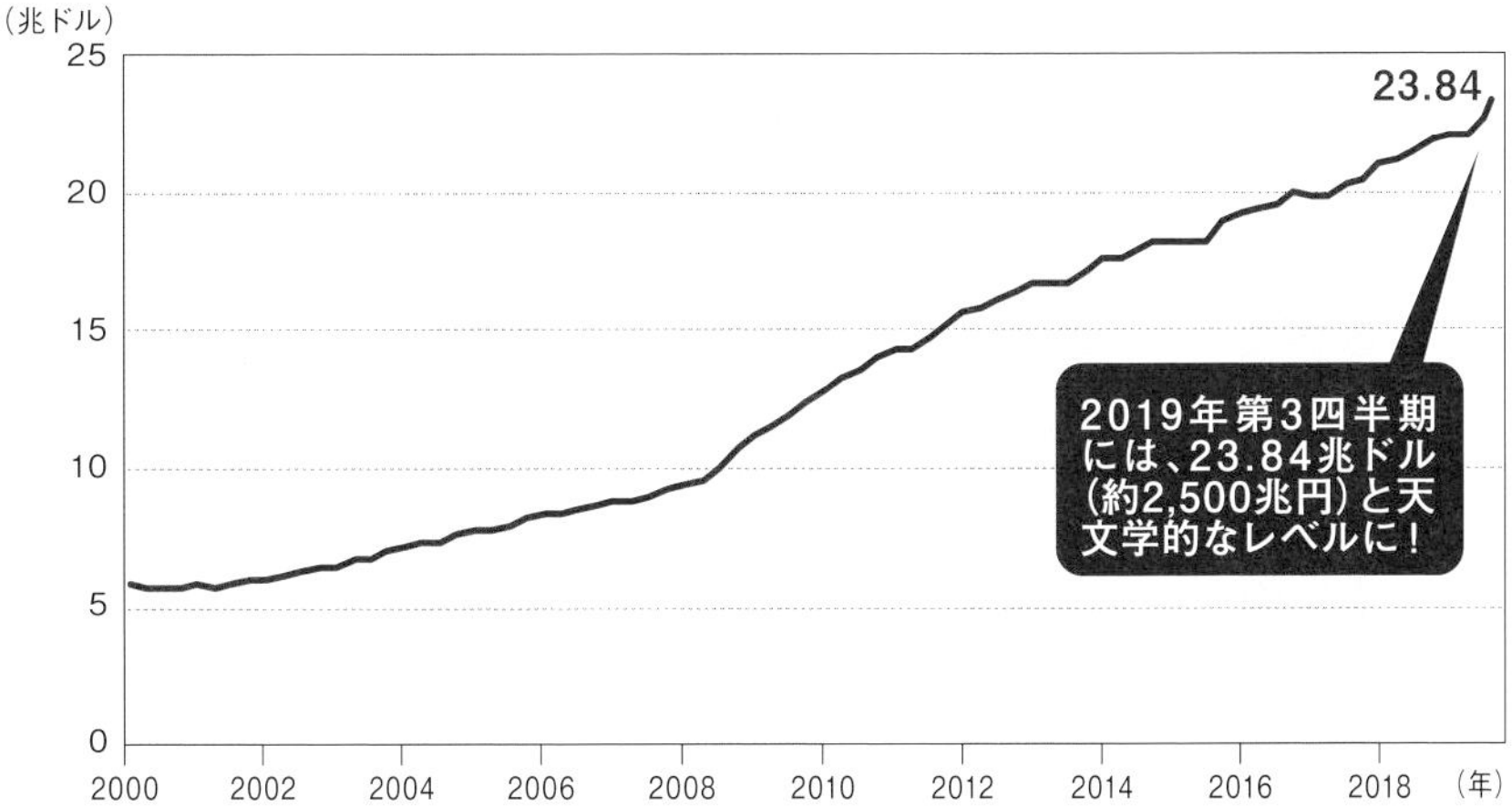

出所：米財務省

Advice from Jim Rogers

これまでに積み上げてきた過剰な債務のツケはいつか誰かが払うことになる

④ 人口が減る国は衰退する

▼人口動態は、有望な国、衰退する国を見分ける重要な要素のひとつ

国連の報告書によると、**世界人口は２０１９年の77億１３４７万人から２０５０年の97億３５０３万人へと、今後30年で20億２１５７万人の増加となる見込みだ。**人口増加が多い順にインド、ナイジェリア、パキスタン、コンゴ民主、エチオピアとなっている。

一方、すでに人口が減り始めている日本をはじめ、出生率が低い26ヵ国・地域で10％以上の人口が減少するとされている。

移民の流入がないと仮定して長期的に人口減少を回避するためには、女性1人当たり2・07人の合計特殊出生率（以下、出生率）が必要だ。２０２５年〜２０３０年のアメリカの出生率が1・79人であるにもかかわらず、人口の増加が予測されているのは、移民を受け入れているためだ。**日本は移民が少しずつ増える傾向にあるものの、同じ期間の出生率は１・４０人と予想されており、２・０７人を大きく下回っている。**２０１８年に世界で初めて出生率が「1」を下回った韓国のほうが深刻ではないかという声もあるだろうが、北朝鮮との統一が実現すれば、大きく改善される可能性がある。

日本は「中央年齢（年齢の中央値）」も48・4歳（推計値）と世界で最も高い。潜在扶養指数（65歳以上人口に対する25〜64歳人口の比率）も日本は世界最低で、今後、医療費や年金などの社会保障制度の財政負担がますます重くなることは確実だ。

歴史的に見ても、**日本のように排他的で移民を受け入れずに人口が減る国は、その後衰退する運命にある。**人口の増減だけでなく、その中身にも目を配ることで、これから有望な国や衰退する国はある程度は見えてくる。

主要国の合計特殊出生率の推移

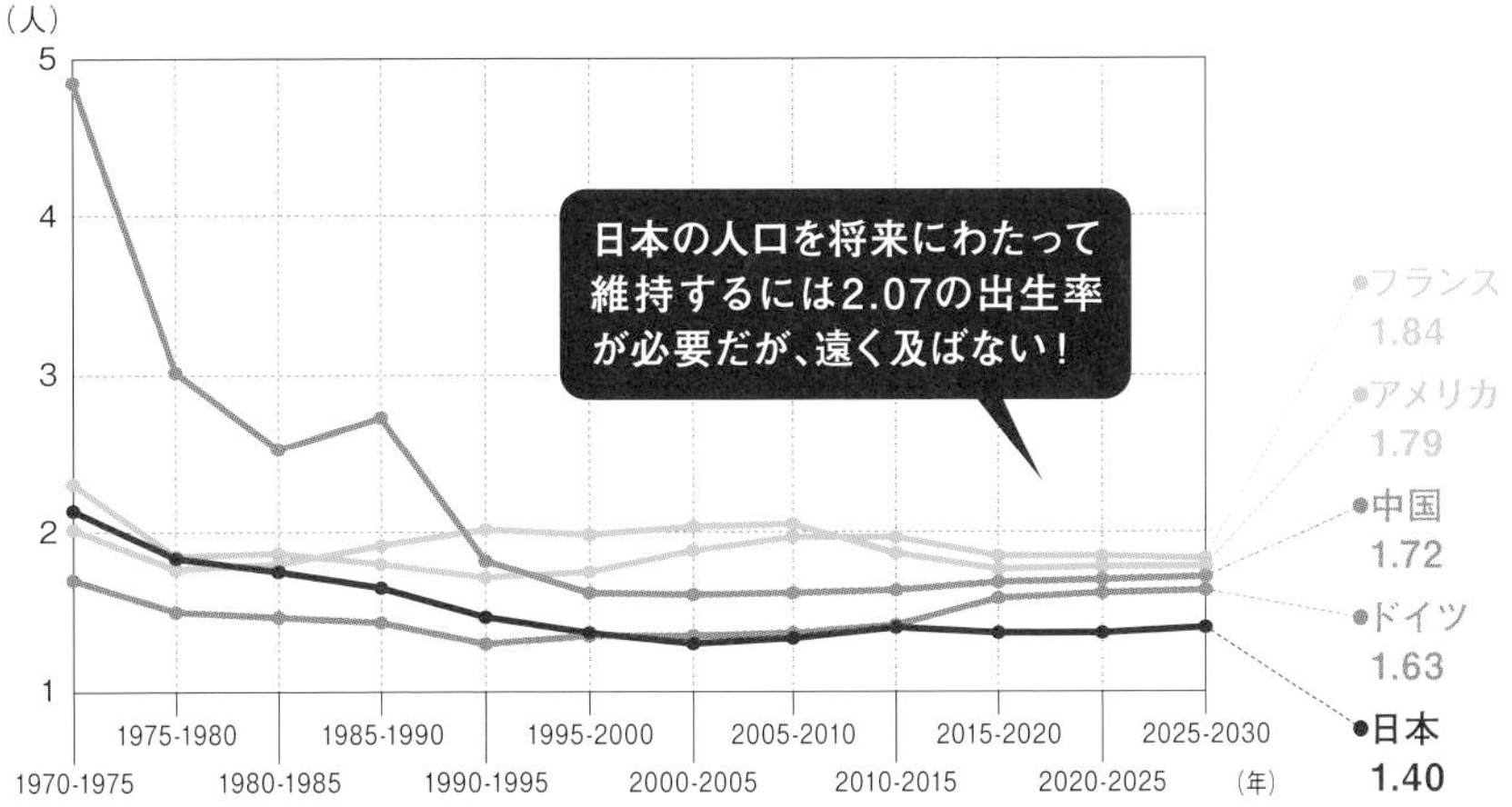

出所：United Nations「World Population Prospects 2019」, Online Edition

2020年の主要国・地域の中央年齢（推計）

国名・地域名	中央年齢(歳)
アフリカ地域	**19.7**
インド	28.4
世界	**30.9**
中南米・カリブ海地域	**31.0**
アジア地域	**32.0**
オセアニア地域	**33.4**
アメリカ	38.3
中国	38.4
北米地域	**38.6**
ロシア	39.6
イギリス	40.5

国名・地域名	中央年齢(歳)
シンガポール	42.2
フランス	42.3
台湾	42.5
ヨーロッパ地域	**42.5**
韓国	43.7
香港	44.8
スペイン	44.9
ドイツ	45.7
ポルトガル	46.2
イタリア	47.3
日本	**48.4**

出所：United Nations「World Population Prospects 2019」, Online Edition

Advice from Jim Rogers

歴史を振り返れば、人口減少が続く国が衰退することは目に見えている

⑤ 経済活性化のカギは「女性」

▼日本はジェンダーギャップ指数が先進国で最低レベル。女性の社会進出の促進が急務

仕事をしている多くの女性は有能だ。日本人女性のなかにも仕事に取り組みたいと考える人が増えていることは、日本経済を活性化させる原動力になり得ると考えている。

毛沢東は「女性は天の半分を支える」と男女平等を唱えた。これにより中国では女性の社会進出が促進され、共働き家庭が当たり前になった。女性が男性と同じように活躍するのは望ましいことだと思う。労働力不足が問題になりつつある日本にとっても、女性が社会で大きな役割を果たすのは大きな意味を持つことになるはずだ。

しかし、第3章で詳しく述べるが、日本は従来から女性管理職の割合がきわめて低い。その背景には、子どもを預ける施設が不足していて、家庭で育児せざるを得ないことがある。この状況では、日本の女性は「育児」か「キャリア」を選ばなければならなくなる。ただでさえ労働力が不足する日本にとっては大きな損失だ。

シンガポールでは、ベビーカーを押す人がいたら周囲の人々は手を差し伸べるが、日本では電車の中などで冷たい視線を向けられるというではないか。こうした雰囲気が女性を出産に消極的にさせているのではないか。

世界経済フォーラムが発表した「2020年版世界ジェンダーギャップ報告書」では、**日本は153ヵ国のうち121位で先進7ヵ国で最下位だった。**職場における待遇の違いは大きく、女性議員（衆議院）の割合も低い。過去50年間に女性の国家元首がいた国は68ヵ国もあるのに、日本で女性首相は誕生していない。私が会う日本人女性は優秀な人ばかりだ。だからこそ、日本政府は女性の社会進出に向けた環境づくりを急ぐべきだ。

主要国のジェンダーギャップ指数(GGI)(2019年)

順位	国名	総合	経済	政治	教育	健康
1位	アイスランド	0.877	0.839(2位)	0.701(1位)	0.999(36位)	0.968(123位)
2位	ノルウェー	0.842	0.798(11位)	0.598(2位)	1.000(31位)	0.972(95位)
3位	フィンランド	0.832	0.788(18位)	0.563(5位)	1.000(1位)	0.977(56位)
4位	スウェーデン	0.820	0.790(16位)	0.525(9位)	0.996(59位)	0.969(117位)
5位	ニカラグア	0.804	0.671(81位)	0.565(3位)	1.000(1位)	0.980(1位)
6位	ニュージーランド	0.799	0.753(27位)	0.474(13位)	1.000(1位)	0.970(109位)
7位	アイルランド	0.798	0.732(43位)	0.493(11位)	0.998(47位)	0.970(113位)
8位	スペイン	0.795	0.681(72位)	0.527(8位)	0.998(43位)	0.972(93位)
9位	ルワンダ	0.791	0.672(79位)	0.563(4位)	0.957(114位)	0.973(90位)
10位	ドイツ	0.787	0.723(48位)	0.477(12位)	0.972(103位)	0.973(86位)
15位	フランス	0.781	0.691(65位)	0.459(15位)	1.000(1位)	0.974(78位)
19位	カナダ	0.772	0.751(30位)	0.365(25位)	1.000(1位)	0.971(105位)
21位	イギリス	0.767	0.704(58位)	0.396(20位)	0.999(38位)	0.970(112位)
53位	アメリカ	0.724	0.756(26位)	0.164(86位)	1.000(34位)	0.976(70位)
54位	シンガポール	0.724	0.782(20位)	0.159(92位)	0.990(84位)	0.965(133位)
76位	イタリア	0.707	0.595(117位)	0.267(44位)	0.997(55位)	0.969(118位)
81位	ロシア	0.706	0.749(32位)	0.095(122位)	1.000(1位)	0.980(1位)
92位	ブラジル	0.691	0.653(89位)	0.133(104位)	1.000(35位)	0.980(1位)
106位	中国	0.676	0.651(91位)	0.154(95位)	0.973(100位)	0.926(153位)
108位	韓国	0.672	0.555(127位)	0.179(79位)	0.973(101位)	0.980(1位)
112位	インド	0.668	0.354(149位)	0.411(18位)	0.962(112位)	0.944(150位)
121位	**日本**	**0.652**	**0.598(115位)**	**0.049(144位)**	**0.983(91位)**	**0.979(40位)**

※0〜1までの値をとり、0が完全不平等、1が完全平等を意味する。
出所:World Economic Forum「Global Gender Gap Report 2020」

Advice from Jim Rogers

私が会う日本人女性は優秀な人が多い。だからこそ女性の社会進出を進めるべきだ

⑥ 貧困からの脱出こそ成長の原動力

▼世界で格差が広がっているのは問題だが、自由市場経済に代わるシステムはない

　毎年、世界経済フォーラムの年次総会（ダボス会議）を前に経済格差に関する報告書が発表されている。2020年の報告書では、「2019年時点で世界の2153人の億万長者が持つ富は、世界人口の6割にあたる46億人が持つ富の合計よりも大きい」という驚きの数字が公表された。この報告書でも書かれているように、貧富の差は想像を超える規模になっている。

　私が住むシンガポールは世界的に見ても、かなり裕福な国だが、すべての市民がその経済的恩恵を受けているわけではない。金持ちはパーティーで数万ドルものお酒を飲むが、低所得層の賃金の上昇はわずかだ。一方で、住宅価格は高くなった。

　自由市場経済は不平等と貧困を生み出すと言う人もいる。しかし、共産主義、社会主義は悪い〝災害〟だった。

自由市場経済に問題がないわけではないが、最も悪いシステムではないことは明白だ。

　中国で何が起こっているかを見ればわかる。彼らは自由市場経済に目を向けて以来、驚くべき成長を遂げてきた。毛沢東は不平等を解消しようとしたが、結局は成功しなかった。中国の何億人もの人々が自由市場のおかげで成功を収めた。貧困から脱却した今、もはや過去の体制に戻ることはない。この不可逆的な選択は正しい道筋をたどっている証しだろう。ロシアも同様だ。

　もちろん、中国における都市部と農村部の格差拡大は解決しなければいけない問題だ。しかし、富の不平等はこれまで何世紀にもわたって、政治家、哲学者、宗教家などが議論してきたが、誰も根本的な解決策を見いだせていないことも事実だ。

広がる世界の格差

2,153人の億万長者が、
46億人の富の合計よりも
多く持っている

最も裕福な22人の男性は、
アフリカの全女性よりも
多い富を持つ

富裕な株主への配当は
大きく増加したが、
賃金はほぼ上昇していない

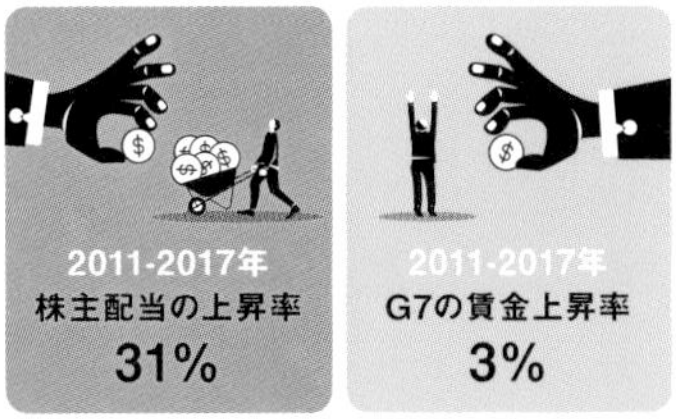

世界の人口のほぼ半分が
1日当たり5.50ドル以下で
生活している

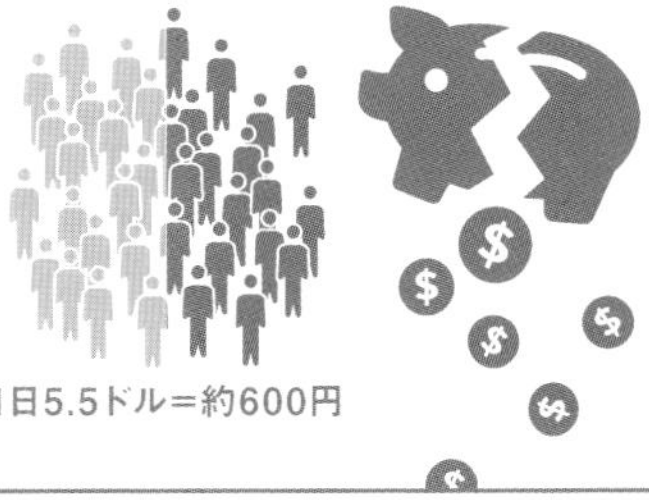

1日5.5ドル＝約600円

出所：Oxfam International「Time to care」

Advice from Jim Rogers

富の不平等、経済格差の問題は、いまだ誰も解決策をみつけていない

ポイント❸ 世界の中心・アメリカ経済の行方

① 私が米国株を手放したワケ

▼史上最長の景気拡大は、新型コロナウイルスがなくても終わりに近づいていた

アメリカはリーマンショック以降、12年近くにわたって景気拡大を続けた。これはアメリカ史上最長だ。

2019年後半から2020年初頭にかけて、米国株は史上最高値を更新してきたが、その株高を牽引してきたFANG（フェイスブック、アマゾン、ネットフリックス、グーグル）の株価を見ても、明らかに割高な水準だった。**私は以前から「2020年以降は、世界中で経済状況が悪くなる」と警鐘を鳴らしていたように、一切の米国株をすでに手放していた。歴史的に考えれば、永遠に続く好況などないことは明白だからだ。**

1929年、ウォール街でグレートクラッシュ（大暴落）が起こった時も、長く続いていた好況に変調の兆しが見えていたが、前年から株価は急速に上昇していた。多くの紙幣を刷れば、株式市場は上昇する。過去にも同じことは何度も起きているのだ。

景気の反転は、誰も気づかないうちに始まるものだ。2019年は破綻へのプロセスに入ったと感じていた。ラトビアが非常に深刻な事態に陥ったほか、アルゼンチンやトルコでも経済危機が起こっていたが、多くの人は些細なことと受け止めた。おそらく、今後、「2019年にアルゼンチンやトルコ、ベネズエラで経済危機が発生し、景気後退の兆候が見えていた」と説明されることになるはずだ。そして、新型コロナウイルスが世界中に広がった。

景気が悪化すると、貿易戦争も含む広い意味での戦争が起こる。すでにトランプ大統領はイランのソレイマニ司令官を殺害し、開戦寸前までいった。別の戦争を始める可能性も否定できないだろう。

ダウ平均株価の推移と景気拡大期

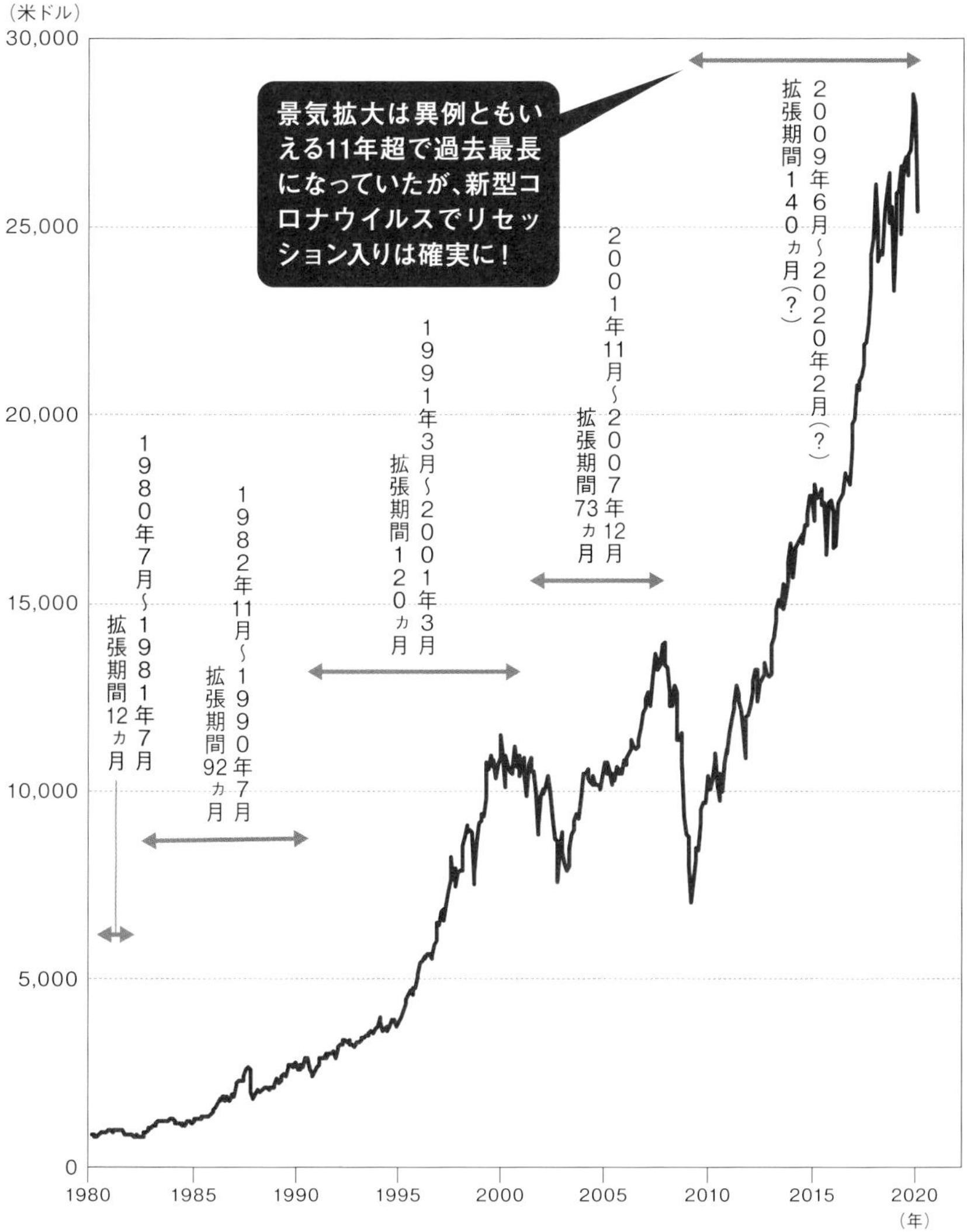

過去最長の景気拡大を続けたアメリカだが リセッション入りの兆候はすでにあった

② アメリカの巨額債務は「破裂寸前」

▼アメリカは世界最大の借金国。リーマンショックを超える危機が迫っている

世界中の国の債務残高は増加の一途をたどり、すでに天文学的数字になっている。すでに日本は約1100兆円、アメリカは23兆ドル（約2500兆円）にまで膨れ上がった。

世界最大の対外債務を抱えるアメリカの経済悪化により米国債の債務不履行を引き起こす懸念が高まれば、米国債の価値は相対的に下がり、金利が上昇する。そうなれば、世界中で景気が悪化する。

大型減税を行ったトランプ政権によって、**2018年3月からの約11ヵ月でなんと1兆ドル以上も債務が急増している。こんなことは永遠に続くわけがない。「第2の世界金融危機」は間違いなく近づいていた。**

2018年に、ラトビアの銀行が破綻し、アルゼンチンやトルコ、インドの銀行でも問題が起きている。こうした金融危機の予兆ともいえる現象はすでに出ている。後から振り返れば、2008年に起きたアイスランドの経済危機はリーマンショックの予兆だった。

2020年に入って新型コロナの問題が起こり、株価は大きく下げた。各国の中央銀行は対策を講じたが、金利を下げる余地はなくなっている。各国はなりふり構わぬ金融緩和で誤魔化してきたが、世界中の多くの国家・自治体・企業が過剰な債務という重荷を背負っている。このツケをいつか払わなければならなくなる。それは世界最大の借金国であるアメリカも当然のことながら例外ではない。

このままいけば、これまで経験したことのない金融危機が起こるのは目に見えている。**今後数年は、私の人生で最悪の弱気相場になる**だろう。

主要国の対外純資産（2018年）

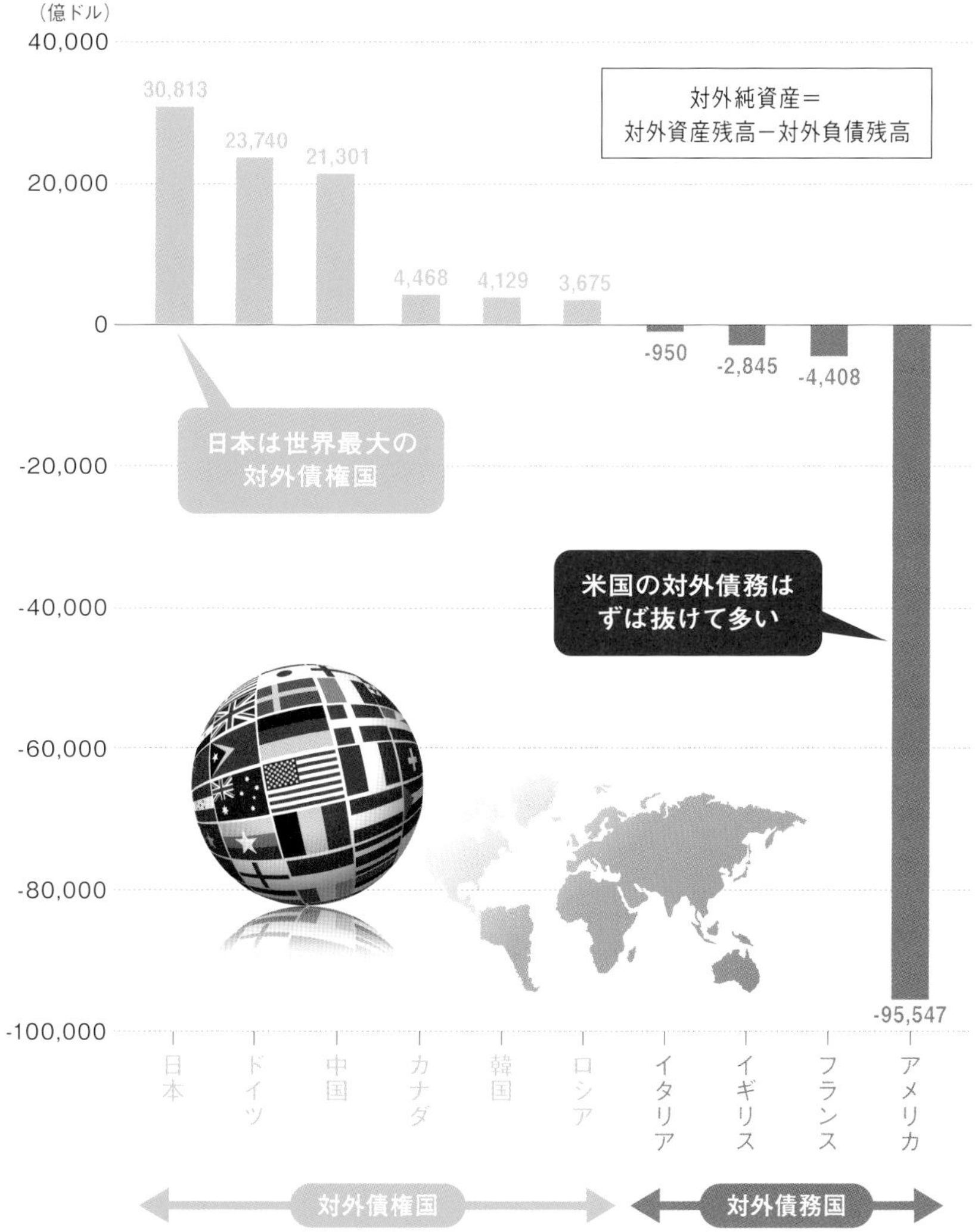

出所：IMF

Advice from Jim Rogers

**アメリカのような借金国よりも
お金のある国と親しくするほうが賢明だ**

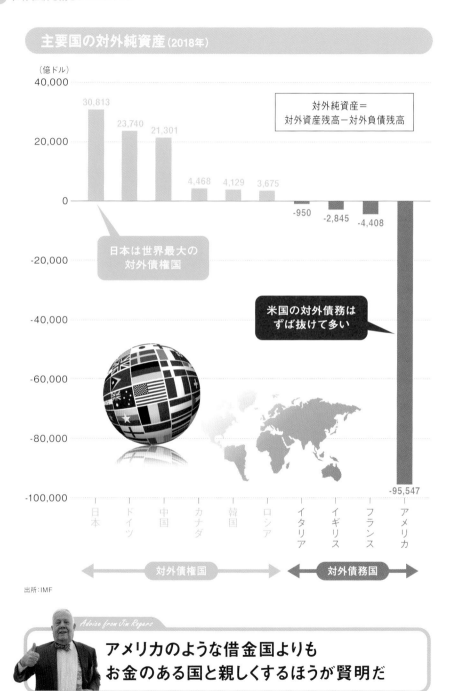

③ 米中貿易戦争はマイナスでしかない

▼アメリカの景気が悪化すれば、中国との関係は悪化の一途をたどる

19世紀は自由貿易により市場開放が行われ、世界は繁栄した。しかし、世界恐慌後の世界は再び保護貿易主義的になった。第二次世界大戦後、保護貿易は良くないことがわかり、WTO（世界貿易機関）が生まれ、世界が保護貿易主義にならないようにした。その後、50～60年、世界は市場を開放し、中国でさえ開放した。

今となれば、保護貿易主義が第二次世界大戦につながったことを覚えている人はいなくなってしまった。当時を体験していないトランプ大統領は、「貿易戦争はアメリカにとっていいことだ」と主張し、世界の国々にも同じような考えのトップが増えている。しかし、**歴史的に見て保護貿易がいい結果をもたらしたことはない。**

人類は絶えず間違いを犯すものだが、世界は今、再び市場を閉鎖するという間違いを犯そうとしている。グローバリゼーションで複雑化した市場を閉鎖して、自国民を守ろうとする保護貿易主義の台頭だ。それは批判の矛先を肌の色、食べもの、言葉、宗教が違う外国人に向けようとする。最もわかりやすく簡単だからだ。

私は自由貿易と市場開放に賛成だが、これから状況が悪化すればするほど、政治家はさらに市場閉鎖しようとするだろう。そうなると、負のスパイラルが起き、事態はますます混迷する。自由貿易、市場開放、移民政策の未来は明るくない。

今、アメリカにはいろいろな問題が生じているが、そこでアメリカが標的にしているのが中国だ。この先、中国のせいだと声高に叫ぶ人が増え、米中関係は悪化の一途をたどる。たとえ、「自国を守るため」という名目であろうとも、もたらす結果はプラスにはならない。

アメリカの主要国・地域との貿易額(1〜6月、通関ベース、原数値)

米中の報復関税の応酬により、アメリカの対中輸出額・輸入額ともに大幅に減少した。両国の貿易は大きな痛手に！

(単位:億ドル、%)

順位	国名	輸出 2018年上半期	輸出 2019年上半期	輸出 前年同期比	輸入 2018年上半期	輸入 2019年上半期	輸入 前年同期比
1	メキシコ	1,314.8	1,292.7	-1.7	1,689.8	1,796.1	6.3
2	カナダ	1,528.0	1,481.2	- 3.1	1,599.6	1,581.4	-1.1
3	中国	641.1	520.0	-18.9	2,500.0	2,190.4	-12.4
4	日本	359.2	368.4	2.6	701.7	728.9	3.9
5	ドイツ	294.3	303.8	3.2	623.2	622.7	-0.1
6	韓国	270.9	282.8	4.4	354.1	392.0	10.7
7	イギリス	340.6	341.2	0.2	293.2	310.0	5.7
8	フランス	184.2	194.3	5.5	256.8	296.7	15.5
9	インド	161.3	183.5	13.8	267.9	294.8	10.0
10	台湾	137.8	153.5	11.4	216.4	260.2	20.2
11	イタリア	115.7	119.4	3.1	268.0	281.4	5.0
12	オランダ	236.8	260.9	10.2	106.7	137.3	28.7
13	ブラジル	190.2	207.9	9.3	146.1	155.2	6.2
14	ベトナム	46.2	51.0	10.5	228.1	304.4	33.4
15	アイルランド	57.0	44.3	-22.3	281.3	298.7	6.2
16	スイス	113.3	94.3	-16.7	204.6	214.3	4.7
17	シンガポール	169.6	156.5	-7.7	130.6	134.7	3.1
18	ベルギー	162.9	181.2	11.2	85.9	105.6	22.9
19	マレーシア	64.7	62.0	-4.2	194.2	184.6	-5.0
20	タイ	60.1	65.9	9.7	155.3	159.7	2.8

出所:米商務省、JETRO

Advice from Jim Rogers

アメリカの景気が悪化すれば、
中国との関係はますます悪化する

ポイント④ アジアの超大国・中国の今後

① 今世紀の覇権国は中国だ

▼近隣諸国だけでなく、遠く離れたアフリカでも存在感を発揮している

今後、世界支配する国は中国だ。

2014年に習近平国家主席が提唱し、中国が推進するのが巨大経済圏構想「**一帯一路**」だ。アジアとヨーロッパをつなぐ陸路（一帯）と、中国から東南アジア、南アジア、アラビア半島、アフリカ東岸を結ぶ海路（一路）に関係する地域で、インフラ整備と貿易を促進させる計画である。

2019年4月に北京で開催された「一帯一路フォーラム」では、124ヵ国と29の国際組織が中国と「一帯一路」協力文書に調印。G7で初めてイタリアが参加するなど、参加国は増加傾向にある。

そして、この「一帯一路」構想を実現するための金融支援の役割を担うのが、2015年に設立されたAIIB（アジアインフラ投資銀行）だ。設立時には57ヵ国で始まったAIIBだが、2019年末現在、加盟国は100ヵ国・地域にまで増えていることからもわかるように、その影響力はますます強くなっている。

スリランカ、カンボジア、ラオス、ミャンマーなど**近隣の発展途上国は、インフラ開発などで中国の援助頼みになって、抜き差しならない関係になっている。**

また、中国は、2000年から中国・アフリカ協力フォーラムを開催するなど、これまで先進国があまり注意を向けてこなかったアフリカの首脳を北京に招待し、積極的に交流してきた。巨額の経済援助を行っており、いまや**多くのアフリカ諸国はアメリカよりも中国を信頼するようになっている。**かつての欧米のように武力で植民地化するのではなく、経済力を使ったソフトな支配を強めながら、覇権国への階段を上っているのである。

一帯一路の主要ルート

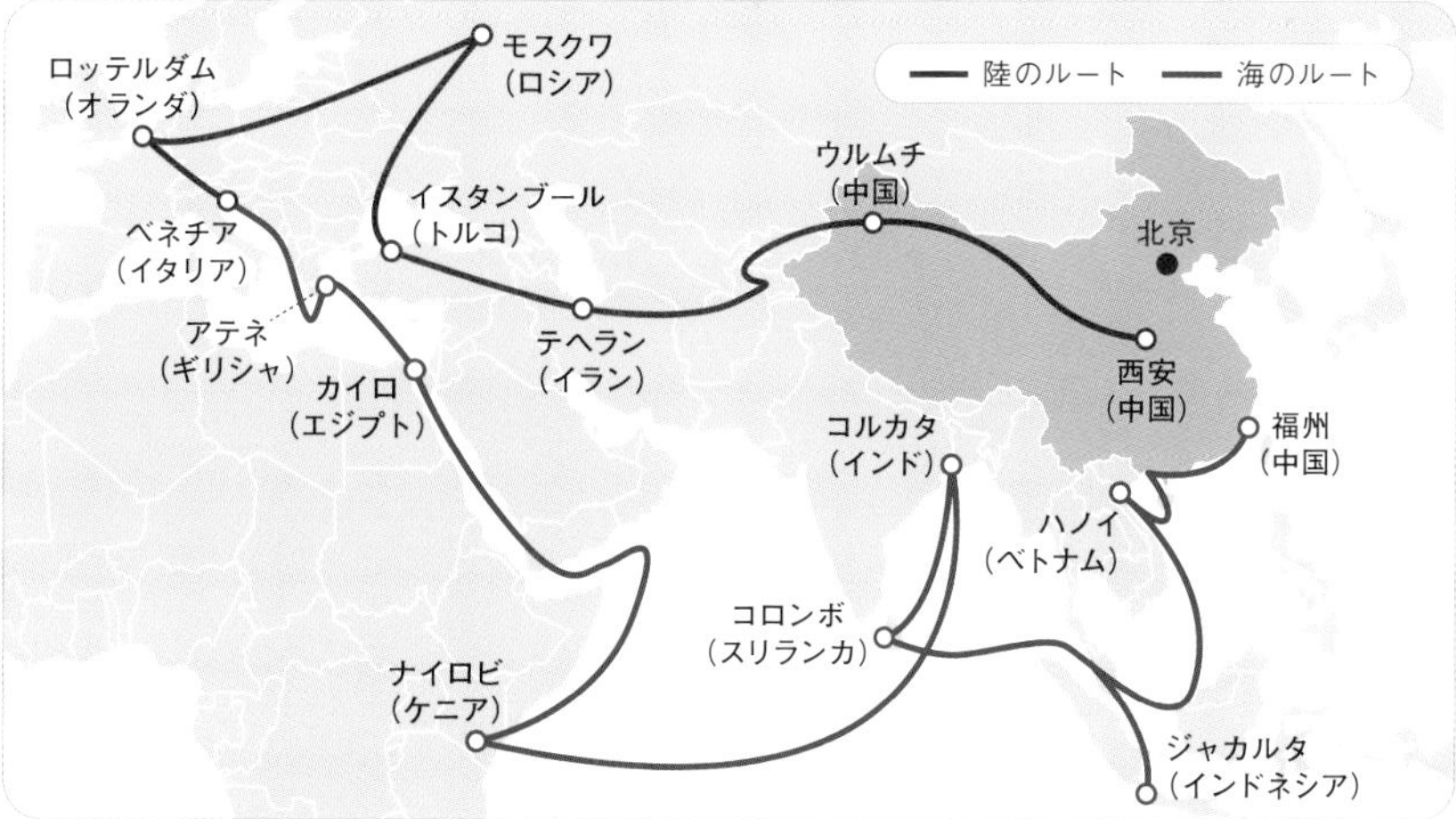

一帯一路の主な参加国と不参加国

一帯一路参加国 **138**カ国 (2020年1月末現在)

《欧州》	《アジア》	《アフリカ》	《オセアニア》	《不参加》
イタリア	韓国	南アフリカ	ニュージーランド	アメリカ
ロシア	シンガポール	ナイジェリア	サモア	ドイツ
ポルトガル	マレーシア	エチオピア	トンガ	フランス
ポーランド	タイ	エジプト	フィジー	イギリス
チェコ	ベトナム	ケニア	《中南米》	カナダ
ハンガリー	カンボジア	モロッコ	チリ	オーストラリア
ルクセンブルク	インドネシア	ガーナ	ウルグアイ	インド
ブルガリア	フィリピン	アルジェリア	ベネズエラ	日本

Advice from Jim Rogers

中国は「一帯一路」という枠組みを使い、経済力で支配する国を増やしている

② 21世紀の最強国家・中国の弱点

▼経済大国になった中国だが、少子高齢化、経済格差など課題・問題も多い

中国の弱みは何かと言えば、それはまず出生率の低さがあげられる。**中国は人口を維持するために必要な人口置換水準（人口が増加も減少もしない状態の出生率）をずっと下回っている。**１９６０年代後半から出生率が下がり続け、１９７９年に「一人っ子政策」を導入したことで、少子化に拍車をかけてしまった。子どもが減少すれば、日本と同様、移民の受け入れに消極的な中国は、いずれ労働力人口の減少や若者世代への負担増など、さまざまな問題が生じるだろう。

そして近年、急速に増えている債務の増加も不安材料だ。中国は20年前まで借金がなかった。毛沢東（中国共産党）にお金を貸す人などいなかったからだ。しかし、この約10年間で赤字を積み上げてきた。負債を増やせば、それをテコに成長を加速できるが、負債が過剰に蓄積されれば、さまざまな不具合が起こる。習近平指導部はそのことをわかっていたので、**２０１７年秋の共産党大会で企業や地方政府に負債を削減するように大号令をかけた。その結果、中国経済はスローダウンした。**しかし、それは深刻な問題ではない。負債削減は避けては通れないことだからだ。

都市部と農村部の経済格差も問題だ。同じ中国国民でも都市戸籍と農村戸籍では、受けられる社会保障も異なるのはあまりにも不公平だ。中国政府は地方の生活水準を向上させるために、この不公平の是正に乗り出しているが、もっと地方に手を差し伸べる必要があるだろう。

そして最大の問題は、人民元が管理通貨であることが象徴するように、中国経済が政府によって操作されている部分があまりにも大きいことである。

中国の政府債務残高の推移

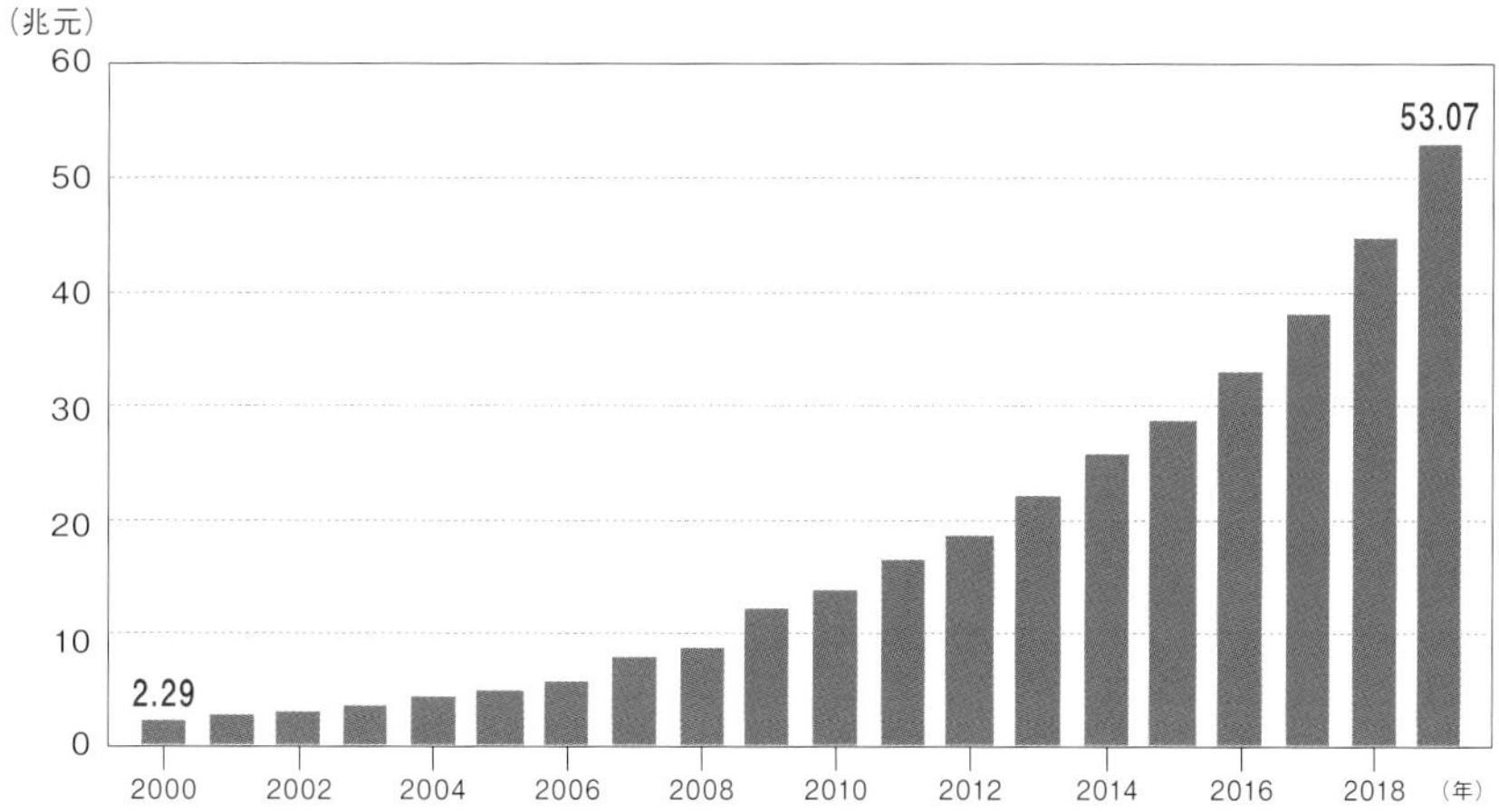

※2019年はIMFの見通し　出所：IMF

中国の合計特殊出生率の推移（1990年～2017年）

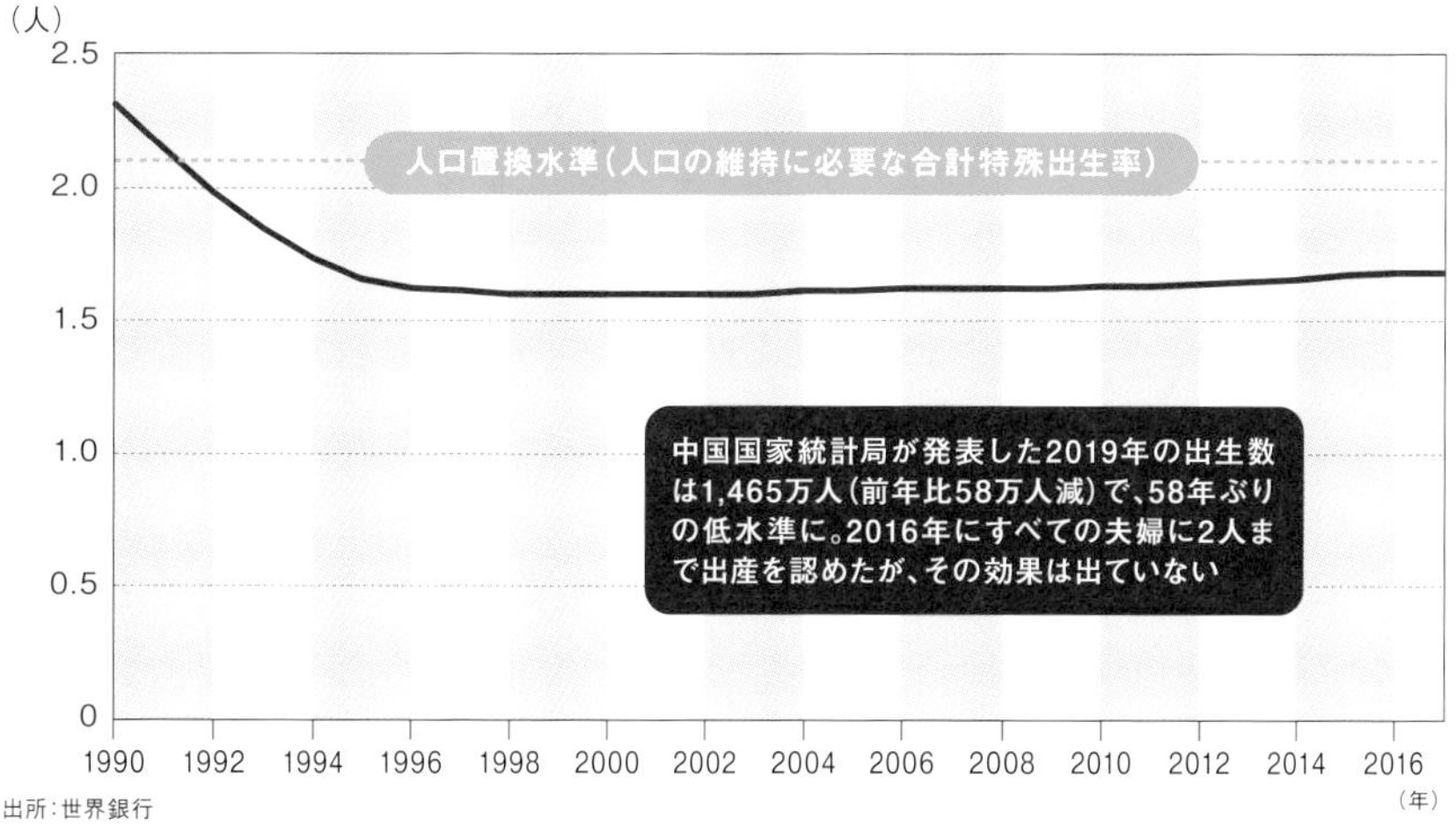

出所：世界銀行

Advice from Jim Rogers

中国が覇権国になるためには、管理された人民元を自由化する必要がある

3 中国の成長はいつまで続くのか

▼世界を支配するのに最も近い国・中国の成長はまだまだ続く

19世紀はイギリス、20世紀はアメリカ、そして、21世紀は中国の時代になる。アメリカは何度かのバブル→バブル崩壊というサイクルを繰り返しながら長期的に成長してきた。中国はまだ本格的なバブル崩壊を経験していない。1949年以降、中国共産党がすべてを運営してきたからだが、今後はアメリカと同様のプロセスを経ながら成長していくはずだ。

　だが、すでに述べたように、中国はこれからさまざまな問題に直面する。負債を多く抱える中国企業は、米国との貿易戦争で問題を起こすかもしれない。しかし、アメリカも経済不況や企業の経営破綻など、さまざまな問題を乗り越えてきた。中国が初めての本格的なリセッションに陥った場合の深刻度はわからないが、**中国政府は「もし国民が大きな負債を抱えてトラブルに陥っても、我々は救わない」と言っている。**日本や欧米は大きなリセッションが起こると、「大きすぎてつぶせない」と言って大企業などを救済し、問題を先送りしてきた。それが、逆に長きにわたる経済の停滞を招いた。今後、中国に倒産、破産する企業や地方政府が出てきた場合、経済成長を続けるためにも、中国政府は「救済をせず」をただの脅しでなく、その姿勢を貫く必要がある。

　現在の覇権国アメリカは、経済的にも軍事的にも大きくなりすぎた。強大になった国には凋落が待っている。ローマ、モンゴル、スペイン、ポルトガル、オランダ、イギリス……永遠に覇権を握り続けている国はひとつとしてないのだ。有史以来、中国は三分の一の期間で世界のトップに君臨した。日本と同じ過ちを繰り返さなければ、再度、世界トップの座に返り咲くことになるだろう。

世界の経済的重心の推移（1世紀～2025年）

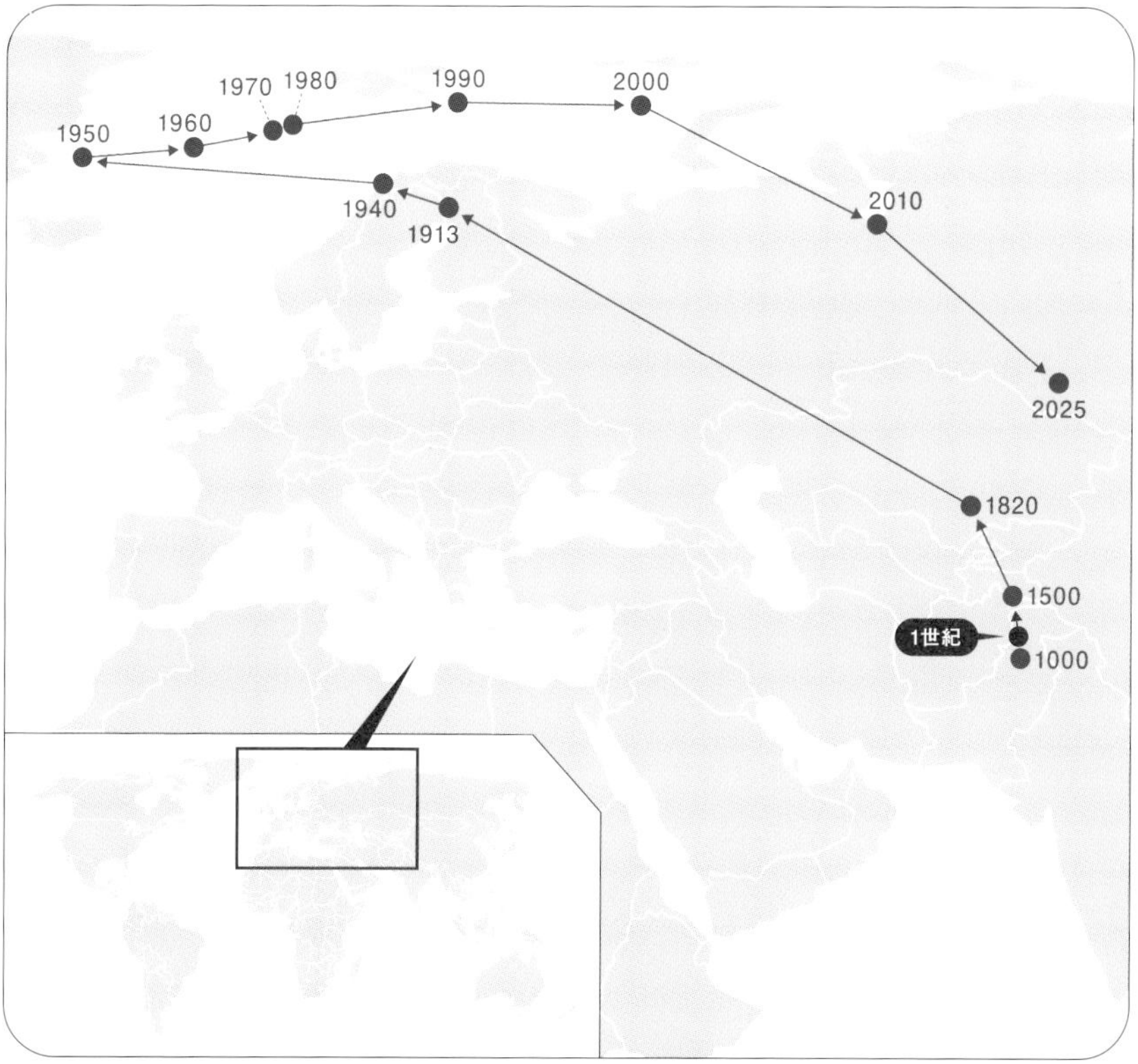

出所：McKinsey Global Institute「Urban world: Cities and the rise of the consuming class」、McKinsey Global Institute analysis using data from Angus Maddison; University of Groningen

1世紀

中国とインドは世界最大の経済圏で、世界の経済の中心は長い間、動かなかった。

1500年～1950年

ヨーロッパの工業化とアメリカの台頭により、経済の重心が大西洋の方向へ大きく移動した。

1950年～1990年

日本が高度経済成長を成し遂げ、世界2位の経済大国になったことで重心は北東へ移動した。

1990年ごろ～2025年

中国が経済的リーダーシップを取り戻したため、重心は急速に東へと移動している。

Advice from Jim Rogers

中国は本格的なリセッションに直面しても日米欧よりうまく乗り越えるだろう

ポイント5 これから有望な国、期待外れの国

① ロシアの〝これから〟はチャンス

▼忘れられた大国は、売り込まれているからこそ狙い目になる

私は少し天邪鬼なのか、嫌われている人やモノが好きだ。周りにはロシアを嫌う人は多いが、私は年4～5回訪れるほど、ロシアの経済成長に注目している。

少し前にインドのテレビ番組に出たときに「ロシアはひどい国だ」と言われた。たしかにそうかもしれない。プーチン大統領の独裁的な政治を批判する人も多い。

しかし、独裁政治でも伸びている国は世界にはたくさんある。私が住むシンガポールも事実上、人民行動党（PAP）による一党独裁の管理社会だが、ご存じのとおりの繁栄を遂げた。あなたたちの国・日本が成し遂げた高度経済成長も事実上、自民党の独裁政治下だった。

じつは、2014年ごろまで、私もロシアに対して悲観的な見方をしていた。しかし、今ではロシア経済の将来にポジティブな印象を持っている。

中でも注目しているのが、ウラジオストクを含む沿海地方だ。天然資源が多いこの一帯にロシア政府は莫大な投資を行っている。中国の国境にも近いことから、多くの中国人が住み、中国企業も進出している。日本の大手航空会社2社がウラジオストクへ直行便を飛ばすようになったのも、ビジネス需要が増しているからだろう。

ただ、**原油価格の動向には注意が必要だ。ロシアでは、原油価格の下落は株価下落に直結する。**実際、新型コロナウイルスで混乱する中、サウジアラビアが原油の大増産を決めたことで原油価格が大暴落した。その際には、通貨ルーブルと株価が急落した。

私はすでにロシア株を保有しているが、**ロシアは嫌われているがゆえに株がとても安い。こういう国にこそチャンスがある。**

ロシアの株価指数と原油価格の推移(2013年1月1週〜2020年3月2週)

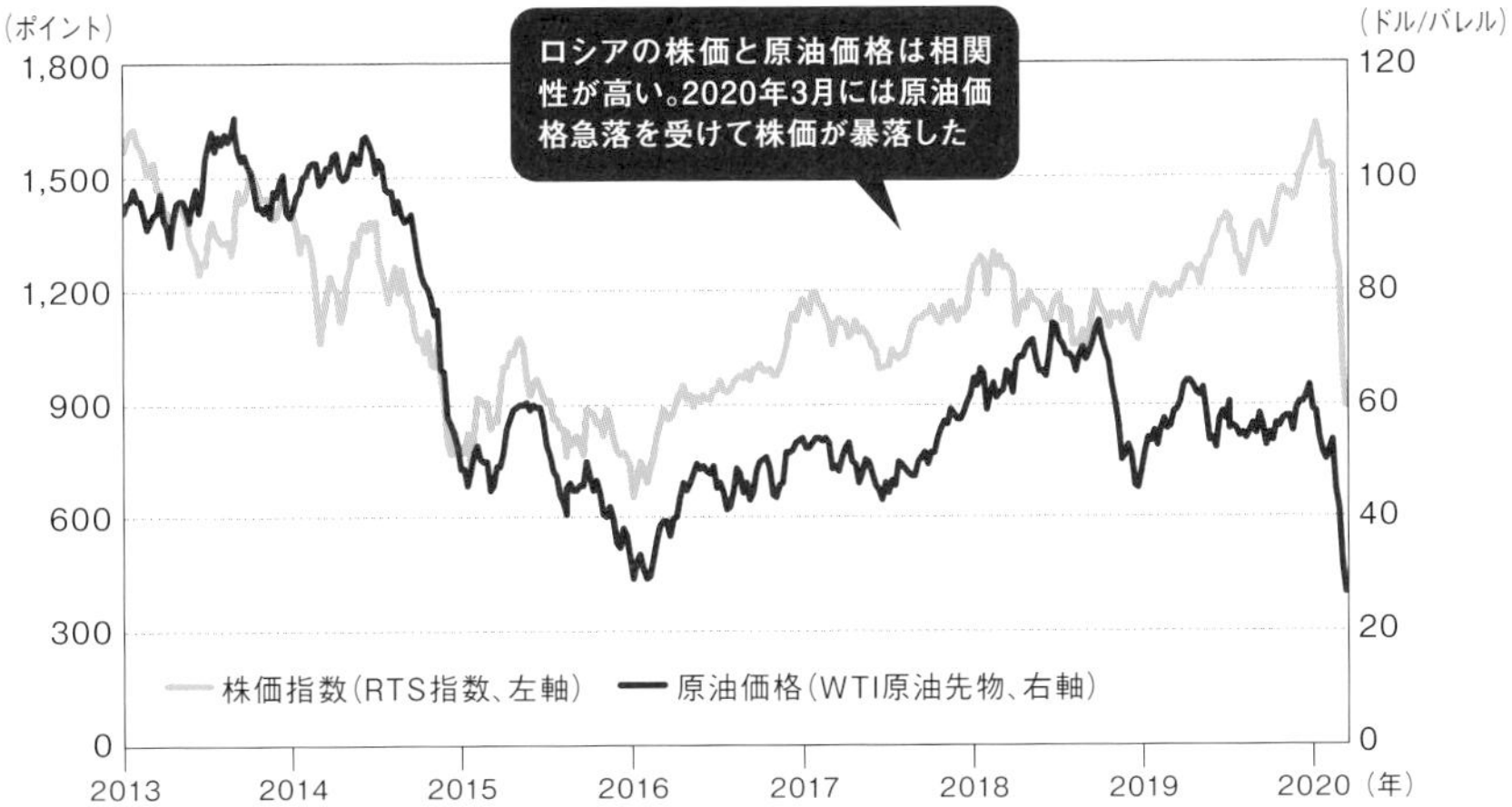

出所:世界銀行、モスクワ証券取引所

ロシア沿海地方の域内総生産(GRP)の推移

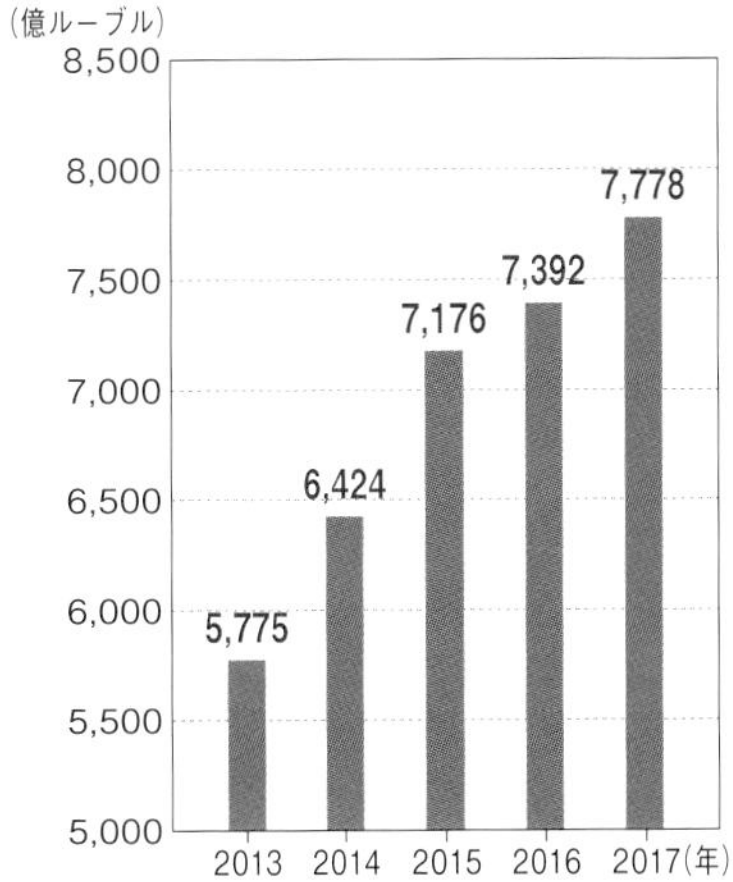

出所:ロシア連邦統計局沿海地方支部

Advice from Jim Rogers

多くの人がすでに注目している国には もはやチャンスはなくなっている

②ロシアの農業に妙味アリ

▼世界一の広大な国土を持つロシアの農業は、人口増大が続く世界の食料倉庫になる！

ロシアがウクライナのクリミアに侵攻したことで、**欧米は２０１４年からロシアに対する経済制裁を行ってきた。その経済制裁はロシアの農業を強くすることにつながった。**

ロシアは欧米の制裁によって食料を自由に輸入できなくなった。輸入できなければ、自分たちで栽培するしかないということだ。それによって、ロシアの農業は伸びている。従って、ロシアの農業の繁栄は、制裁を科すトランプ米大統領のおかげだともいえる。私は制裁が加えられる前からロシアの農業に投資しているが、制裁後のほうが投資環境はよくなっている。

ロシアでは冬場、土壌が凍る地域が多いが、地球温暖化の影響もあり、穀物などの生産に適した環境になってきている地域もある。

現在の世界人口は約77億人だが、２０５０年に約97億人になると予想されている。そうなれば食料供給が問題になってくるはずだ。ところが、日本の農業従事者の平均年齢が66・8歳（２０１９年、農林水産省）まで上昇しているように、世界的に農家の高齢化が進んでいる。危機的状況だからこそチャンスがある。

ロシアは世界で最も広大な国土を持っているが、人口密度が低く、空いている土地が多い。つまり農業地帯としての大きな可能性を秘めている。このことに気づけば、ロシアの農業に大きなチャンスがあることがわかる。

トランプ大統領が制裁を強化すれば、ロシアの農業はもっと伸びていく。だから、私はロシアの肥料会社の株式を持っている。農業が繁栄すれば、肥料の需要も増大するからだ。

ロシアの農業輸出入額の推移

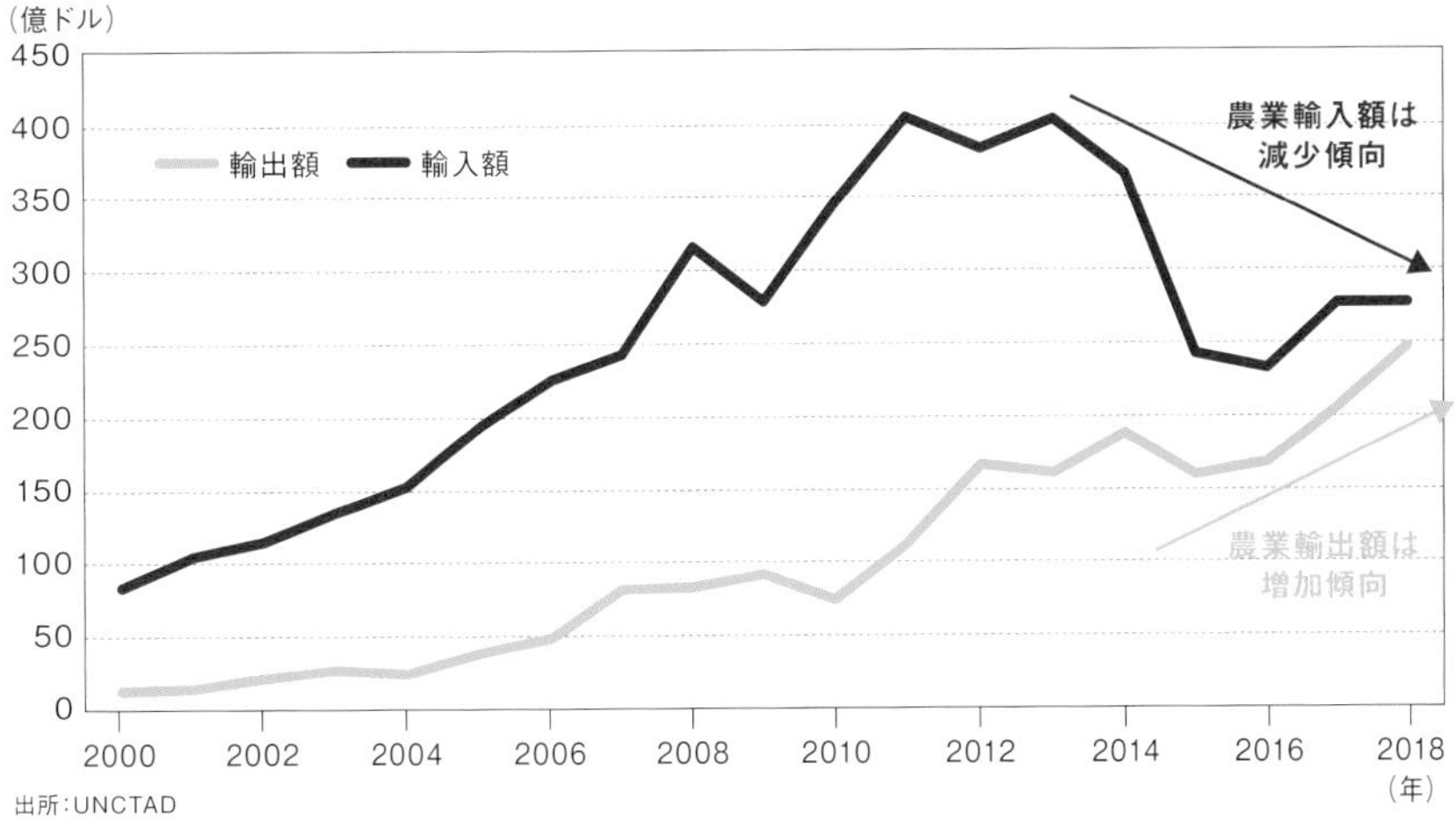

出所:UNCTAD

主要国の耕地面積率(2017年)

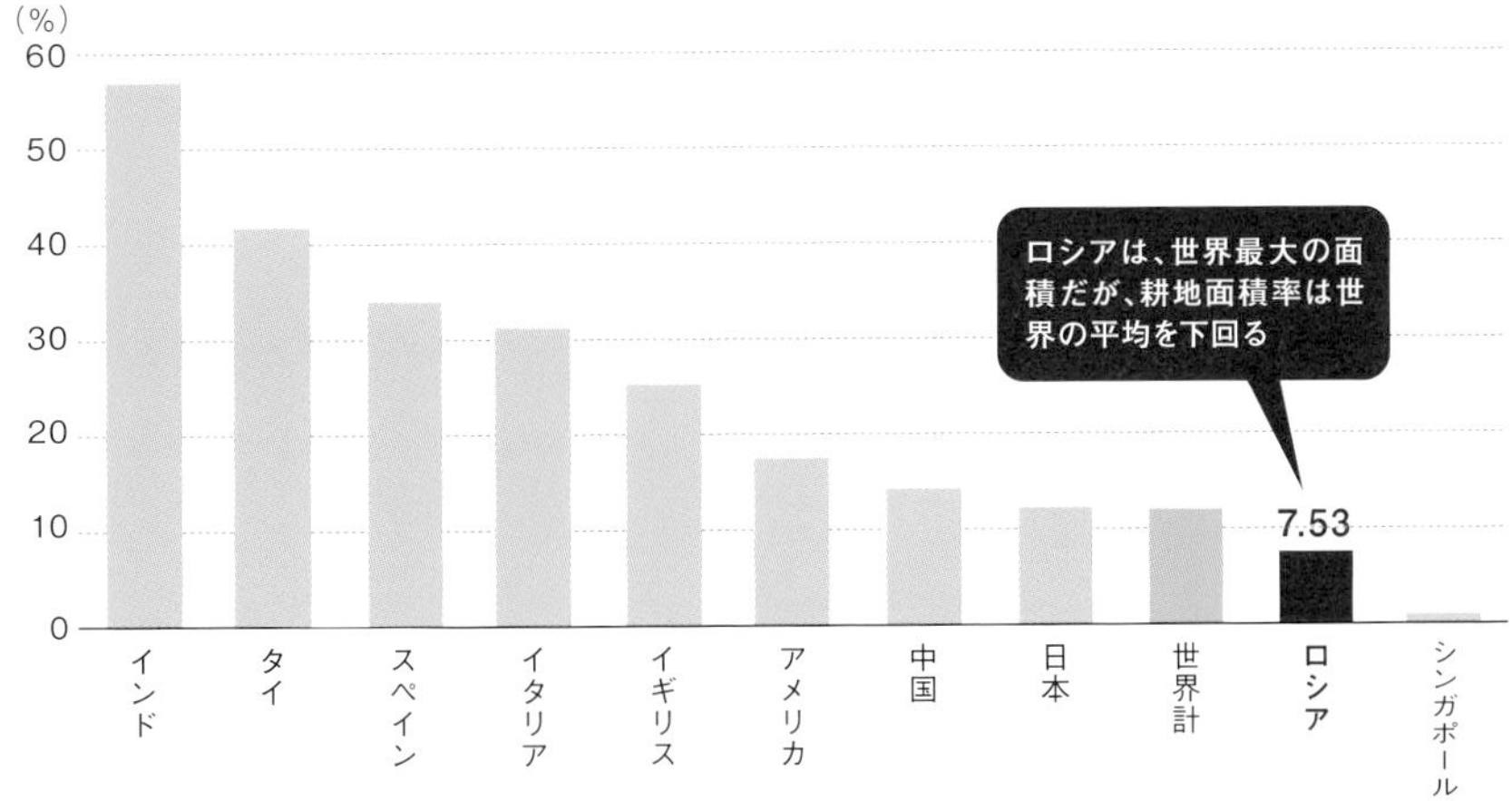

出所:FAO

世界最大の国土をもつロシアの農業の未来は明るい。関連銘柄に要注目

ポイント⑤ これから有望な国、期待外れの国

③ イギリスとEUの未来は暗い

▼2020年1月31日、イギリスがEUから離脱した。EUの今後はどうなるのか？

これからEU（欧州連合）で起きることを恐れている。イギリスが「EUは悪者だ」というスタンスをとって、2020年1月31日にEUから離脱したからだ。今、多くの人々が「EUはよくない」と言い出している。その数が増えれば増えるほど、政治家は国民の支持を得るために「EUはよくない」と言うようになるだろう。

ヨーロッパはコモン・マーケット（共同市場）で、関税がなく自由に売買できるが、ブリュッセルのEU本部はどんどん官僚的になり、独裁的になった。そして、全加盟国で合意しなければ何もできなくなってしまった。自分たちのことは自分たちで決めたいと考えるイギリスの人々はそれに怒った。

私はオックスフォード大学で歴史を勉強したので、イギリスには思い入れがあるが、**外国に輸出できるものがほとんどないイギリスの将来に対しては悲観的だ。**

歴史を振り返ると、経済が悪化した状況では人々は攻撃対象を探し、外国人がその対象になりやすいが、イギリスではそのターゲットがEUだったということだ。

近年、ヨーロッパで行われてきた選挙では、移民排斥とナショナリズムを煽る極右政党が国内を分断するような議論に持ち込んで一定の層から支持を得ている。今後はより分断が進み、ヨーロッパは不安定化が進むだろう。**欧州の多くの国々は、国レベルだけでなく、地方自治体レベルでも大きな負債を抱えている。そのため、欧州経済についても悲観的にならざるを得ない。**

新型コロナウイルスのパニックによって、大きく売り込まれている状況であれば、チャンスがあるかもしれないが、長期的に見て積極的に買うことはできない。

EU加盟国と加盟年、脱退年（2020年3月現在）

1952年　ベルギー、ドイツ、フランス、イタリア、ルクセンブルク、オランダ

1973年　デンマーク、アイルランド、イギリス

1981年　ギリシャ

1986年　スペイン、ポルトガル

1995年　オーストリア、フィンランド、スウェーデン

2004年　チェコ、エストニア、キプロス、ラトビア、リトアニア、ハンガリー、マルタ、ポーランド、スロベニア、スロバキア

2007年　ブルガリア、ルーマニア

2013年　クロアチア

2020年／イギリス離脱

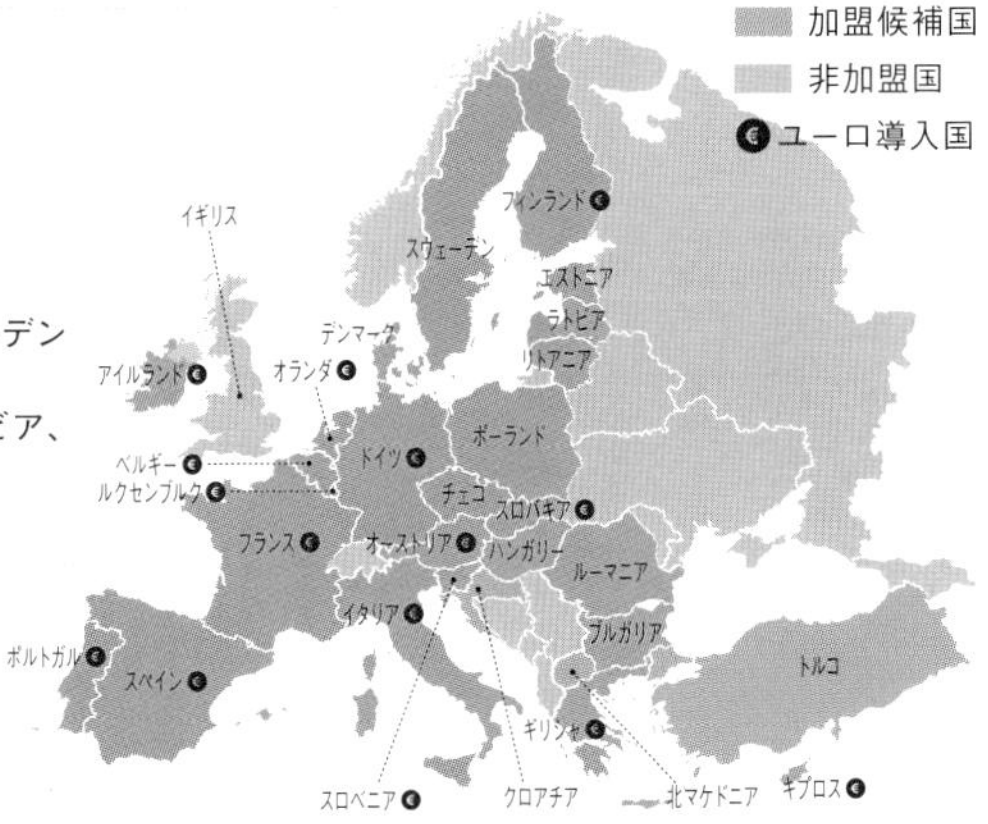

欧州主要国の政府債務残高対GDP比

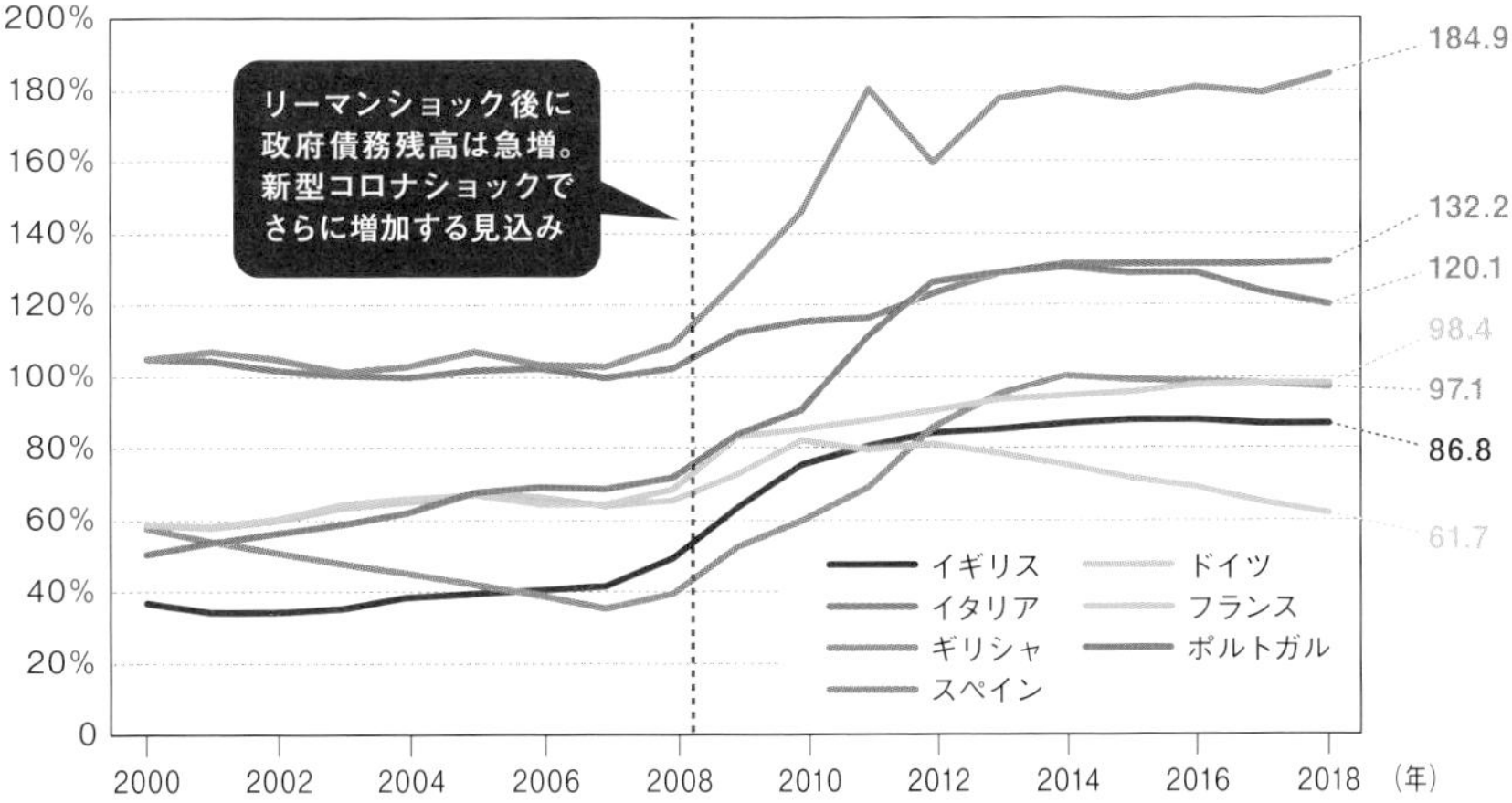

出所：IMF

Advice from Jim Rogers

ブレグジットはEUの終わりの始まり。EUを離脱する国が増える可能性は高い

④ ブラジルは安全な投資先ではない

▼商品価格の影響を大きく受けてしまうブラジルが経済大国になることはない

ＢＲＩＣｓという言葉が流行したとき、「次の大国はブラジル」という気運が高まった。しかし、ここ数年、ブラジルの経済成長は中国やインドに大きく見劣りしている。結論からいえば、**近い将来、ブラジルが経済大国になることはないだろう。ブラジルはボラティリティー（価格変動の度合い）が高い商品価格に振り回される性質がある**からだ。

商品相場が上昇トレンドにある時は、天然資源が豊富なブラジルはとても素晴らしい国に見える。ところが、ひとたび相場が下落するとまったく違った国になる。軍事クーデターが起き、すべてが崩壊する。彼らは借金を増やし、厄介な事態に陥るのだ。

２００３年から２０１８年まで政権を握っていた労働者党は、約４０００万人いるといわれる貧困層に給付金を支給し、財政を悪化させた。**お金を刷って配る貧困層へのポピュリズムは、貧困層の給付金依存を強め、インフレを深刻化させた。**２０１９年から政権の座に就いたボルソナロ大統領が財政再建を進めているのは良い兆候だが、こういう国を投資先にするのは難しい。

ブラジルの代表的な株式指数であるボベスパ指数の動きを見れば、それがよくわかる。２０２０年3月にＷＨＯ（世界保健機関）が新型コロナウイルスについて「パンデミック（世界的な大流行）」と表明したのとほぼ同じタイミングでブラジルの重要な輸出品である原油価格が暴落すると、それまで12万ポイント付近で推移していたボベスパ指数は6万ポイント台まで急落した。ブラジルは安全な投資先ではないと指摘してきたが、それが現実のものになってしまった。

ブラジルボベスパ指数、原油価格推移(2008年1月〜2020年3月、月次)

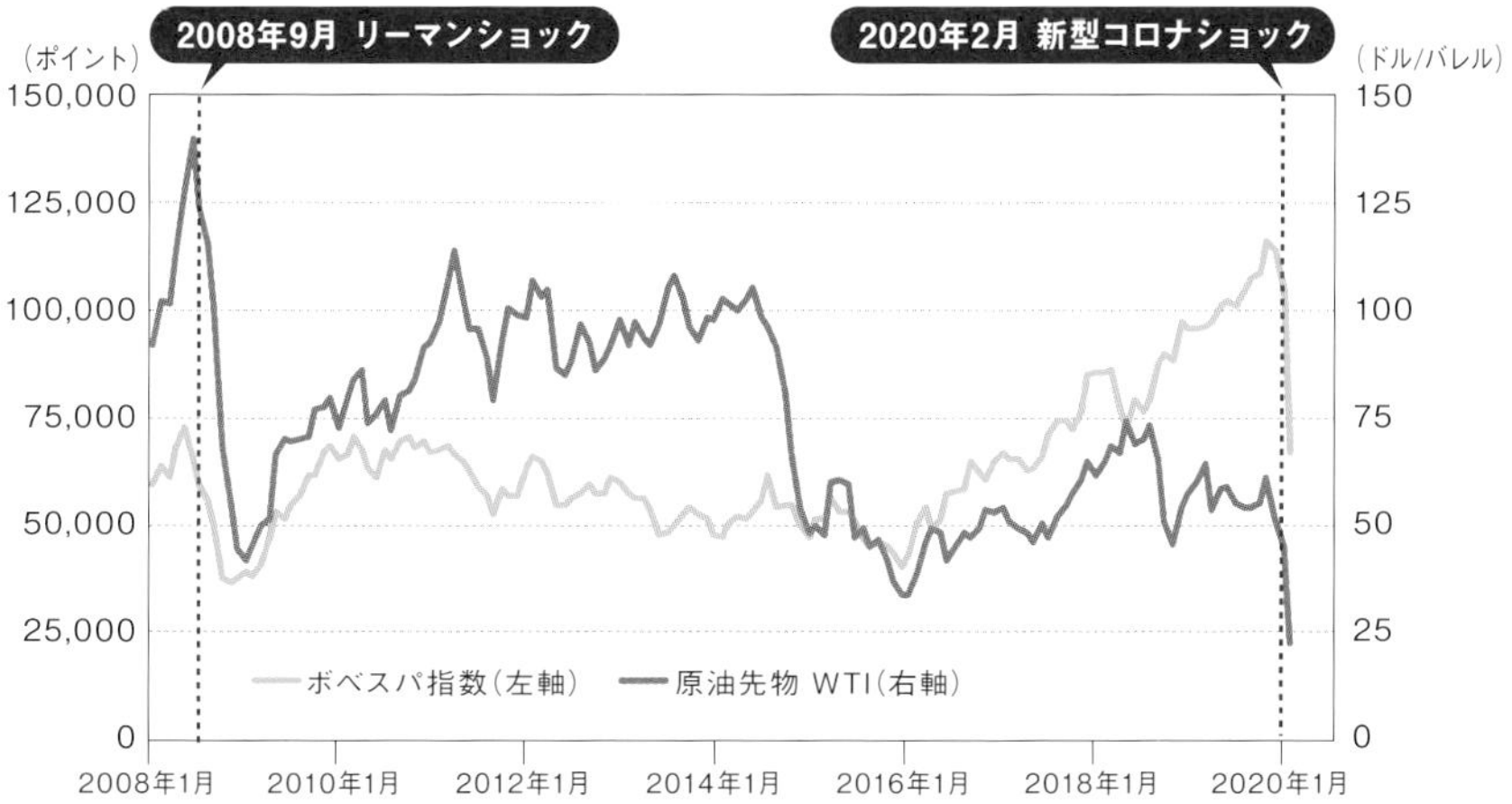

出所:世界銀行、サンパウロ証券取引所

ブラジルの実質GDP成長率(2000年〜2019年)

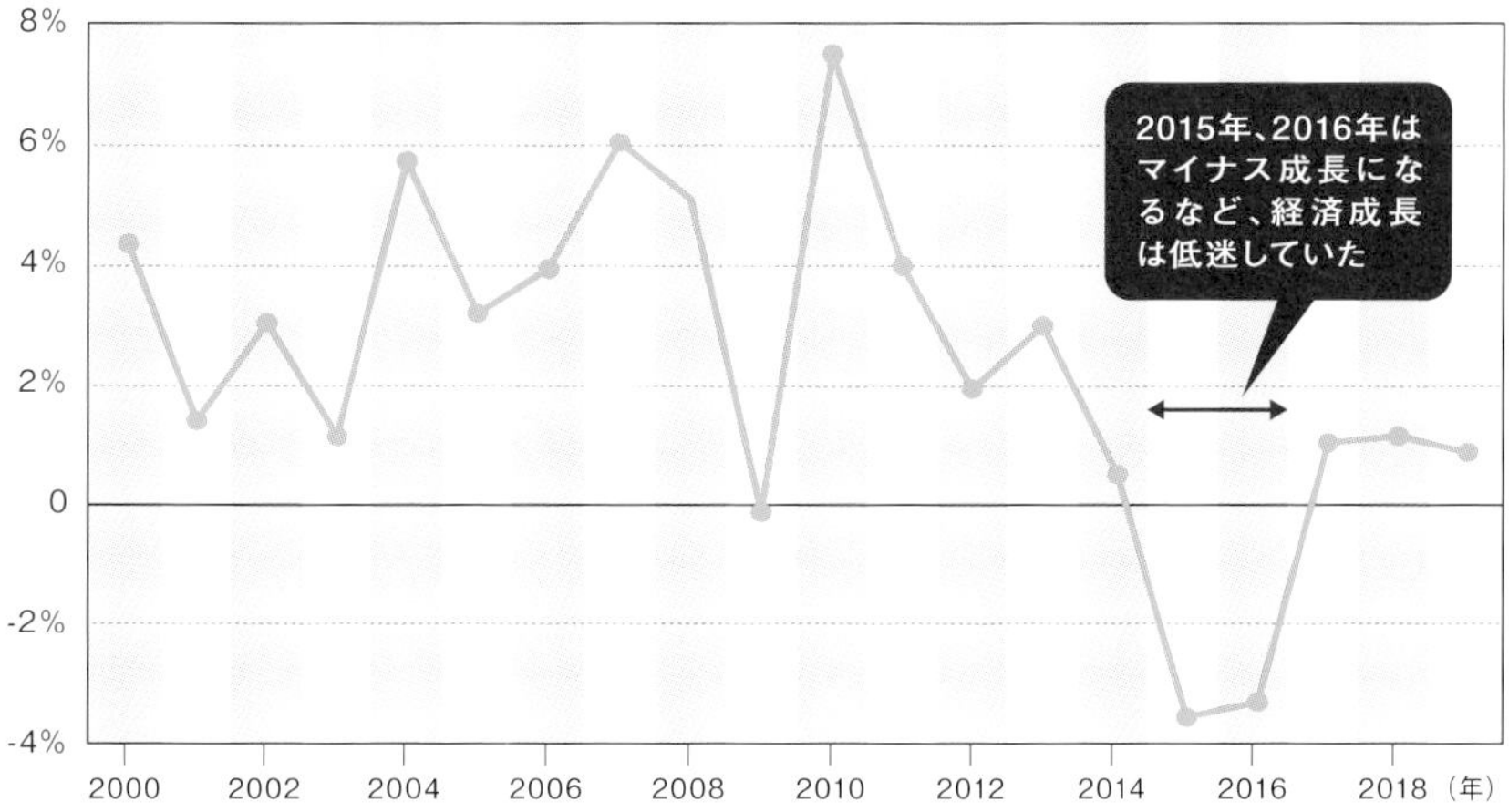

出所:IMF

Advice from Jim Rogers

商品価格が上昇局面ではいい国だが、逆に下落局面ではその反動が大きくなる

⑤ インドを過大評価しない

▼中国と並ぶ次の大国といわれて久しいが、世界で存在感を高めるには力不足

私はモディ首相が就任した翌2015年9月にインド株をすべて売却した。改革への期待が裏切られたからだ。それまで期待していたのだが、「何も変わらない」と思ったことで気持ちが変わった。

インドは債務を削減したことがなく、毎年増やしている。モディ首相は、財政均衡の実現を口にしてきたが、予算を均衡させたことがない。インドは20～30年もの長い間、財政再建目標を達成できていないのだ。

インドは財政均衡のために増税するのではなく、歳出を減らすべきだ。私が日本の消費増税を「クレイジー」というのも、歳出削減なき増税だからだ。

縁故主義がはびこるインドの官僚制度は世界最悪レベルに腐敗しており、経済停滞の原因になっていると私は考えている。歳出削減は政治家や官僚が私腹を肥やすことの防止に役立つし、政府の効率を高めることにつながるはずだ。

また、インドの紙幣には17言語が書かれているように、数多くの言語があることも問題だ。北インドと南インドでは意思疎通もままならない。それに加えて、宗教の問題もある。2020年になってもムスリムとヒンドゥー教徒が激しく対立して大きな問題になっている。今のままでは「本物の国家」にはなれないだろう。

インドは中国とカシミール地方の領有権をめぐって長らく領土問題で対立してきたが、最近になって、アメリカの保護主義的な姿勢に対し、両国は歩み寄りを見せてきている。しかし、**現時点でインドは中国に比べ、世界をリードする可能性は少ない。インドはまだ国として成長途上にあるということだ。**

インドの政府債務残高の推移(1991年〜2019年)

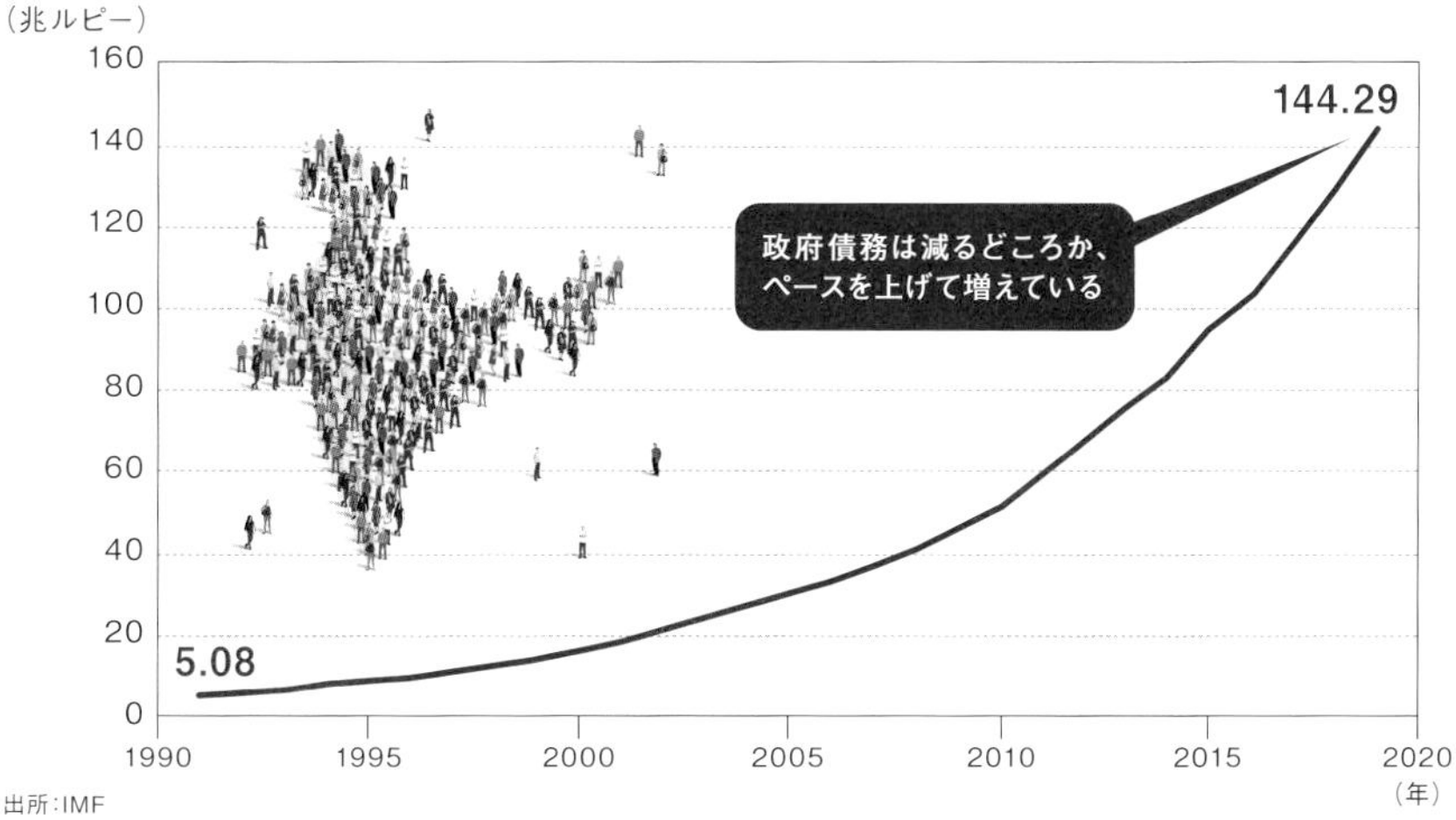

出所:IMF

腐敗認識指数(2019年)

腐敗認識指数が「0」に近づくほど、公務員、政治家が腐敗していることを示す

順位	国・地域名	腐敗認識指数
1	デンマーク	87
1	ニュージーランド	87
3	フィンランド	86
4	シンガポール	85
4	スウェーデン	85
4	スイス	85
7	ノルウェー	84
8	オランダ	82
9	ドイツ	80
9	ルクセンブルク	80
12	イギリス	77

順位	国・地域名	腐敗認識指数
20	日本	73
23	フランス	69
23	アメリカ	69
39	韓国	59
80	中国	41
80	インド	41
106	ブラジル	35
137	ロシア	28
172	北朝鮮	17

出所: Transparency International「Corruption Perceptions Index 2019」

Advice from Jim Rogers

インドは以前から期待されてはいるが、現状ではまだ成長途上の国でしかない

⑥ 朝鮮半島のポテンシャルは高い

▼今後、北朝鮮は魅力的な投資先になる。統一が実現すれば朝鮮半島の未来は明るい

2018年6月、トランプ大統領と北朝鮮の金正《キムジョン》恩《ウン》・朝鮮労働党委員長は、私が住むシンガポールで初めての米朝首脳会談を行った。しかし、その後も2回顔合わせしたが関係改善への歩みは止まっている。

世界中のほとんどの人は、北朝鮮をクレイジーな国と見ている。トランプ大統領が金正恩を「リトル・ロケットマン」と呼んだように、ミサイルを頻繁に日本近海に打ち込んでいるのだから、そう思うのは仕方がない。

しかし、そこだけを見るのは間違いだ。スイスで教育を受け、北朝鮮とは異なる豊かな世界を知っている**金正恩は、鄧小平《とうしょうへい》が行った改革開放を北朝鮮でやりたい意向をもっている**という話もある（日本ではほとんど報じられていないようだが）。15の自由貿易ゾーンをつくったのは、私には開放に向けた兆候に見える。

かつての北朝鮮は資源が豊富で韓国より裕福だった。コミュニズムが北朝鮮をダメにしてしまったが、経済開放で成功するポテンシャルがあると思う。

朝鮮半島の変化が胎動しているが、韓国と北朝鮮が統一までいかずとも経済交流などが活発になれば、かなり期待ができる。**ロシアは北朝鮮に通じる鉄道を建設し、中国も北朝鮮との国境に橋や道路を建設している。**次なるチャンスを見据えているからだ。

シンガポールに来る北朝鮮の人たちは、若くて頭がいい人ばかりだ。**北朝鮮には高い教育を受けた安価な労働力がある。韓国の経営能力や資本もある。**日本人は眉をひそめるかもしれないが、1980年代の中国や2010年ごろのミャンマーと似た状態だ。この先、北朝鮮が魅力的な投資先になることは間違いないだろう。

韓国と北朝鮮の基本データ

韓国（2018年）		北朝鮮（2018年推計）
5,180万人	人口	2,549万人（※2017年推計）
10万460k㎡	面積	12万538k㎡
1,898.5兆ウォン（約170兆円）	名目GNI	35.9兆ウォン（約3.2兆円）
3,678.7万ウォン（約331万円）	1人当たりGNI	142.8万ウォン（12.8万円）
2.7%	経済成長率	-4.1%
6,049億ドル（約66.5兆円）	輸出額	2.4億ドル（264億円）
5,352億ドル（約58.8兆円）	輸入額	26億ドル（2,860億円）

出所：韓国統計庁、韓国銀行「Gross Domestic Product Estimates for North Korea in 2018」

北朝鮮の経済成長率の推移

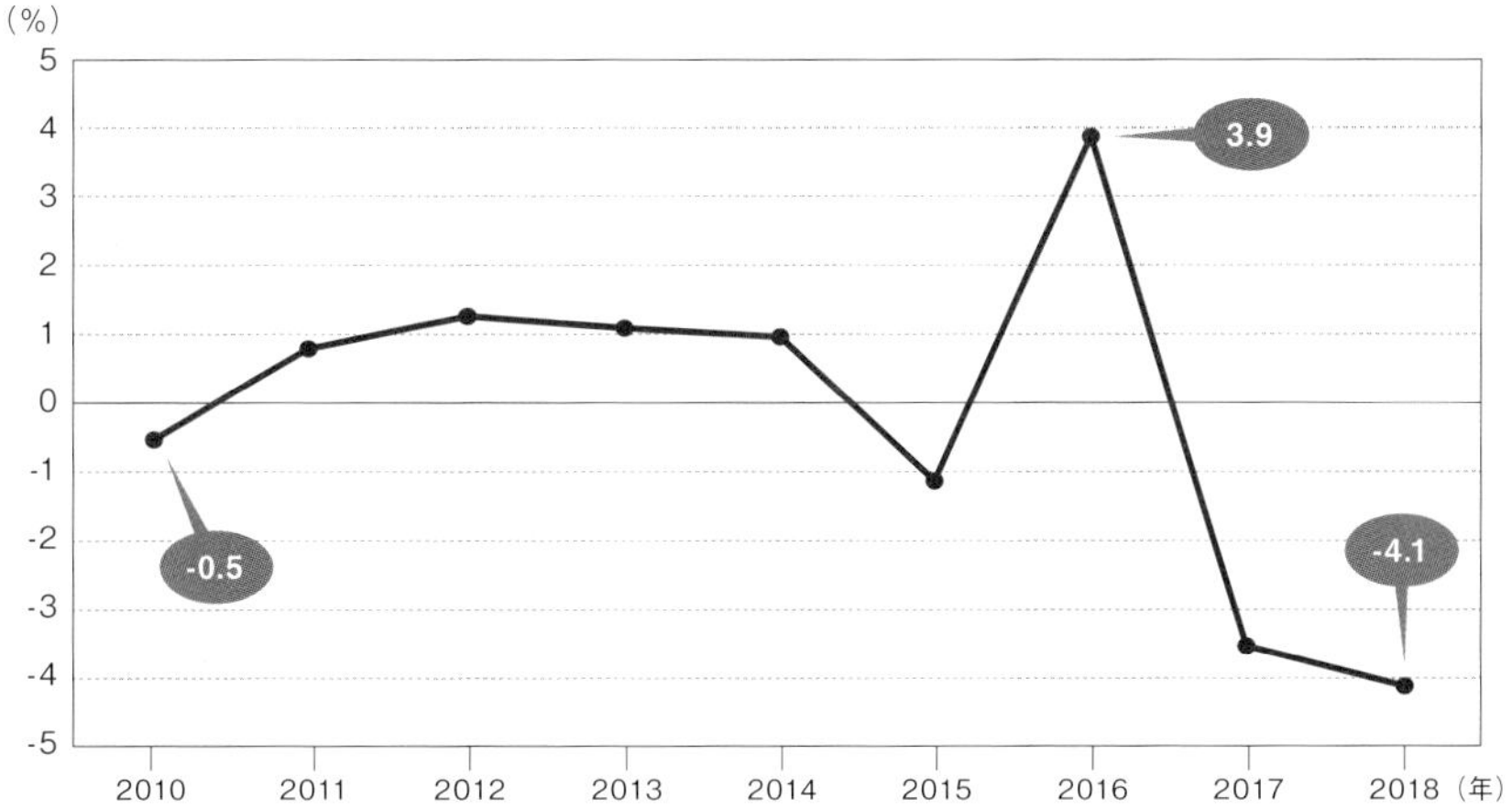

出所：韓国銀行「Gross Domestic Product Estimates for North Korea in 2018」

Advice from Jim Rogers

経済開放すれば、北朝鮮は有望な投資先。
中国とロシアはすでに動き始めている

⑦ コロンビアのグリーンラッシュに注目

▼世界的に大注目の成長産業「大麻ビジネス」の一大輸出国として期待大

日本社会は大麻に対する非常に強い抵抗感があるようだが、世界の見方はかなり異なる。

2013年、ウルグアイは嗜好用大麻の栽培、流通、販売、消費を完全合法化した世界初の国になった。カナダでも、2018年に嗜好目的の使用が合法化された。アメリカでも一部の州では、医療用、娯楽用としての大麻の販売が合法化されて一大ビジネスとなっている。

大麻はガンやHIVをはじめ、気管支喘息、うつ病などにも効果があるとされている。2017年にはWHO（世界保健機関）が大麻に含まれる成分「CBD（カンナビジオール）」に医療的有効性があることを認めている。すでに海外では、大麻由来の成分で薬品、食品や化粧品をつくる合法大麻ビジネスが爆発的に拡大しており、かつてのゴールドラッシュになぞらえ、「グリーンラッシュ」と呼ばれるほどの盛り上がりを見せている。**世界の合法大麻市場は、2026年まで年平均21・9%で成長**し、756・9億ドル（約8兆3259億円）に達するとするレポートもある。

この成長産業において注目してるのがコロンビアだ。凶悪な麻薬マフィアのイメージを持つ人も多いだろうが、赤道に近く、昼の長さが1年中ほぼ12時間のため大麻の栽培に適しており、今では大麻の一大生産地として注目を集めている。

2018年には国際麻薬統制委員会（INCB）が医療用大麻の**世界生産量の91・9トンのうち、40・5トンをコロンビアに割り当てた**。安価な労働力を強みに、すでにカナダや欧州へ輸出しており、合法大麻を成長のエンジンにして飛躍する可能性を秘めている。

世界の合法大麻市場の予想

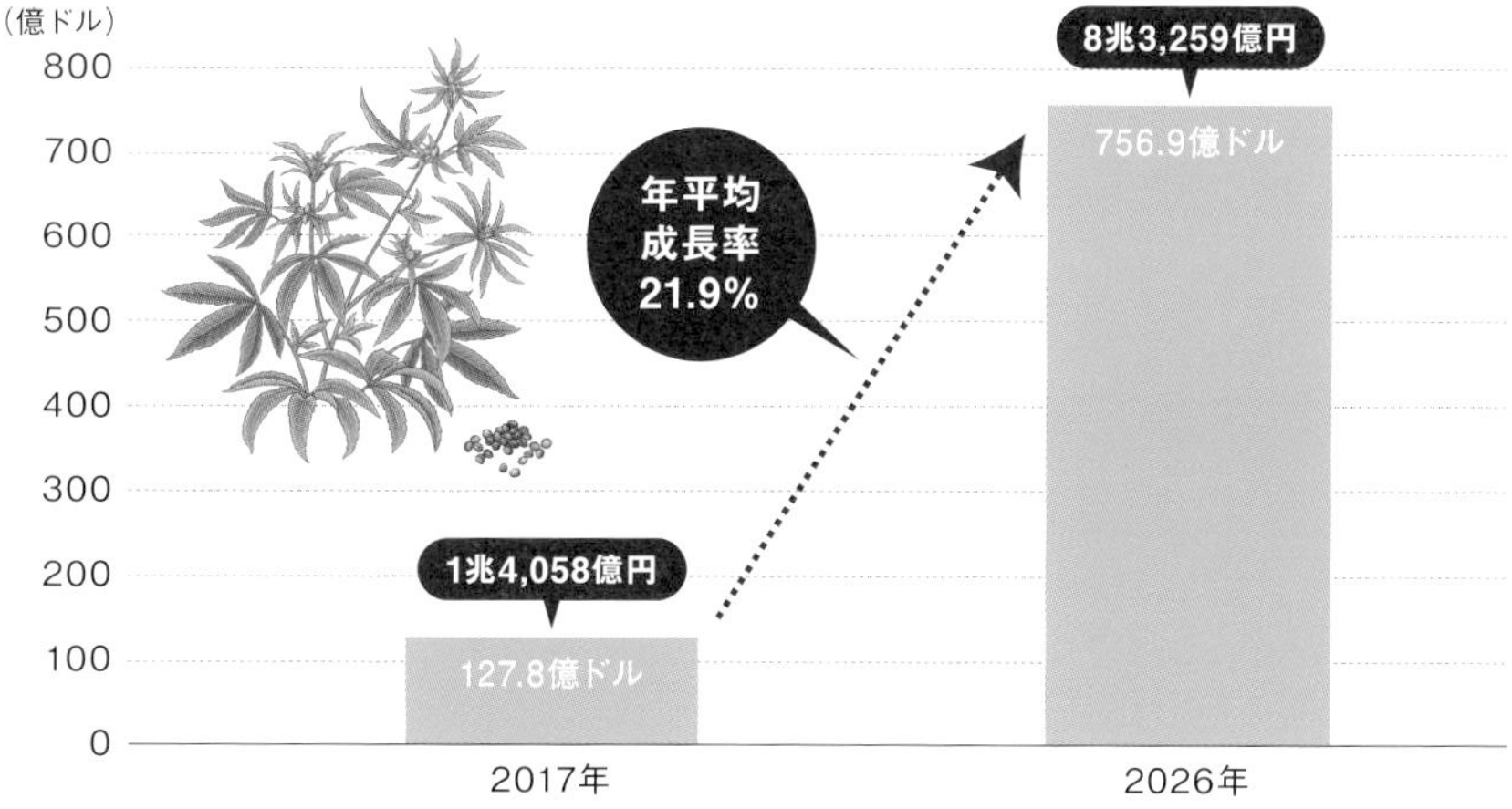

出所：ResearchAndMarkets.com

世界の主な大麻合法国 (2020年2月現在)

嗜好目的／7カ国

国名	合法年
スペイン	2006年
チェコ	2010年
アメリカ（首都と10州）	2012年
ウルグアイ	2013年
コロンビア	2016年
カナダ	2018年
ルクセンブルク	2019年

医療目的／30カ国

国名	合法年
イスラエル	1973年
アメリカ（33州）	1996年
イタリア	2006年
コロンビア	2015年
ドイツ	2017年
韓国	2018年
タイ	2019年

Advice from Jim Rogers

合法大麻は成長産業として期待大。
コロンビアは輸出国としての恩恵を受ける

ポイント⑤ これから有望な国、期待外れの国

⑧ベネズエラに期待を寄せる理由

▼経済が崩壊しているからこそ、ベネズエラへの投資は大きいリターンの期待大

私はクライシスを意味する日本語の「危機」という言葉を日本人と話すときによく使う。「危機はチャンスになる」ことをよりダイレクトに伝えたいからだ。

ベネズエラは、戦争をしているわけでもないのに、チャベス元大統領が無計画に増やした財政赤字を貨幣増発で埋め合わせてきたため、通貨価値が下落し続け、１００万％を超えるインフレに陥った。４年間で総人口の１割（３００万人）以上の国民が国を脱出するなど経済は壊滅的な状態だ。２０１９年１月には２人の大統領が並び立つなど政治も混乱している。

国が壊滅的な状態になるなど、歴史上そう何度もあることではない。

私はベネズエラを訪れ、副大統領や財務大臣に会っているが、当時もひどい状況だった。トランプ大統領は、ベネズエラ政府やその関係者がアメリカ国内に保有する資産を凍結し、人道支援関連などの一部を除いた一切の取引を禁止する経済制裁を科しており、国内の経済状態は危機的状況に陥っている。

私自身の経験から言えるのは、そんな状況の国は投資にいい。**大惨事が起きた国への投資にはリスクはつきものだが、私の投資信条である「Buy disaster（災害は買い）」に基づいて投資行動を起こすと、5～6年後には、賢い投資をしたと思えることが多い**。もし投資をすれば、しばらく問題を抱えるかもしれないが、こうした制裁は永遠に続くものではない。

残念ながらアメリカ政府は、アメリカ人によるベネズエラへの投資を禁じているが、もし扉が開かれたならすぐにでも投資したいと思っている。

ベネズエラのGDP成長率の推移（2000年～2019年）

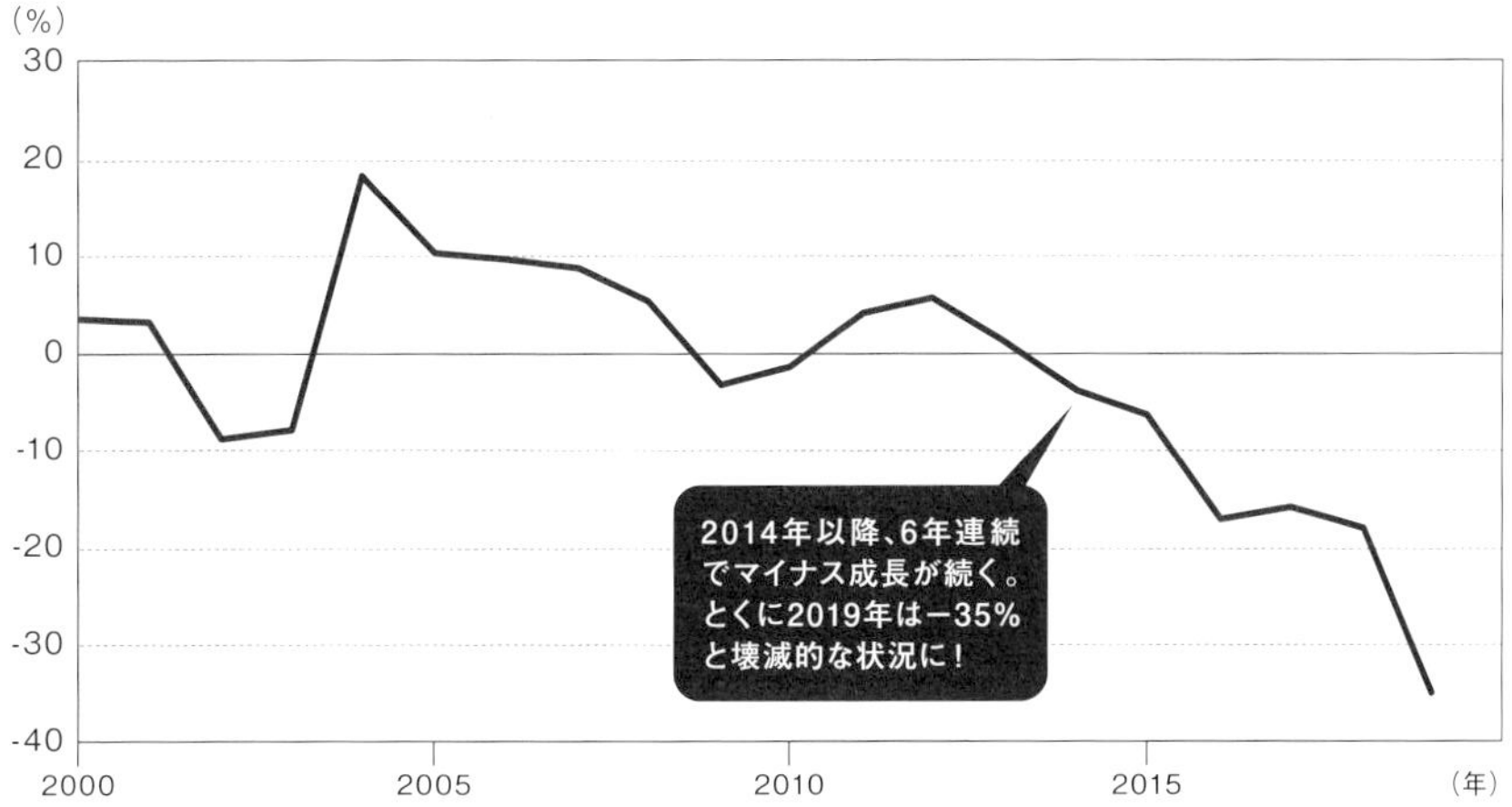

出所：IMF

ベネズエラの人口の推移

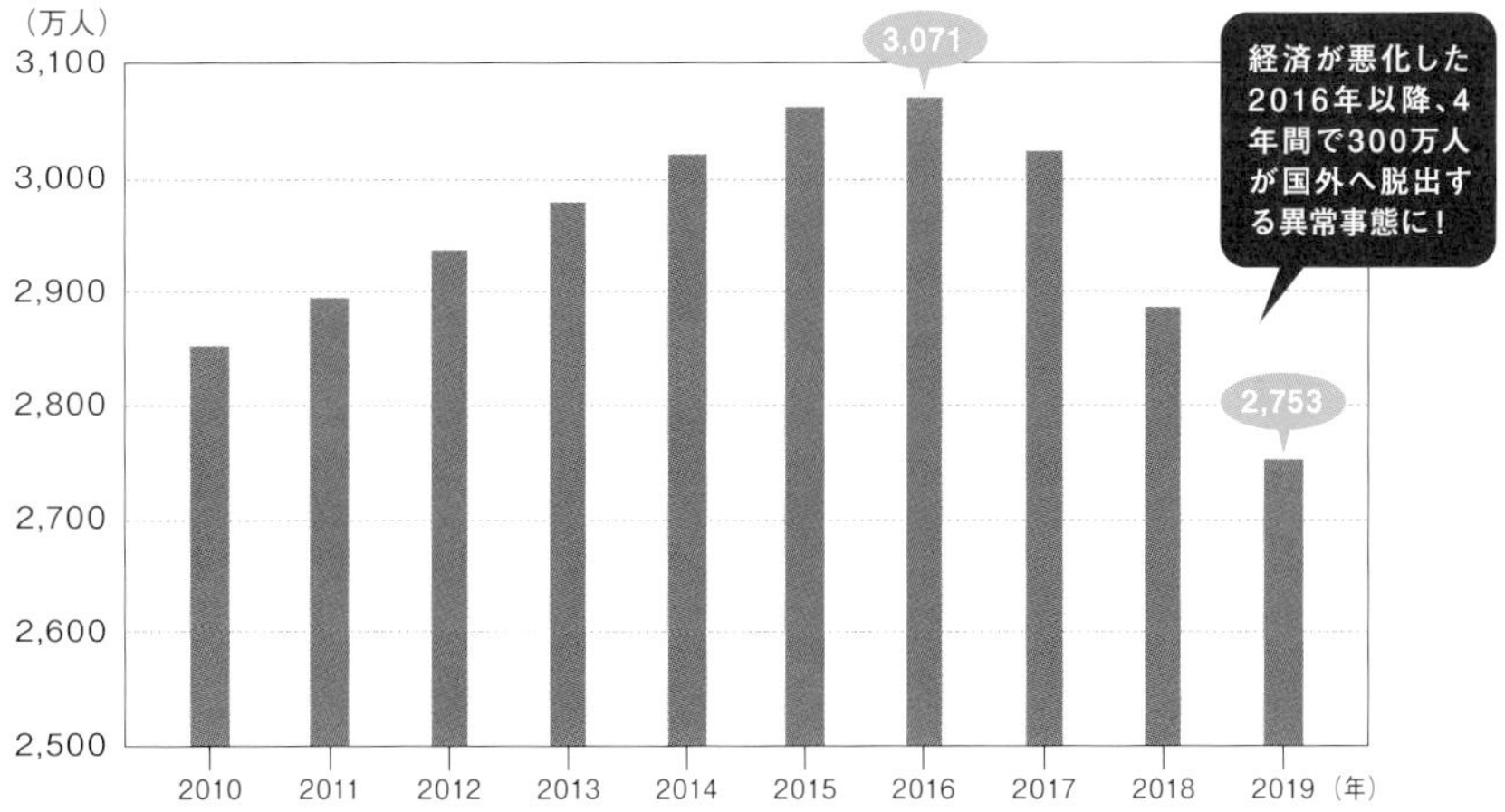

※2011年以降はIMFの推計　出所：IMF

Advice from Jim Rogers

壊滅状態にある国に投資をすれば、数年後に金持ちになれる

9 ジンバブエは魅力的な投資対象

▼ハイパーインフレで見向きもされないからこそジンバブエに投資妙味がある!

50年前、ジンバブエはイギリス連邦の中でも裕福な国のひとつだった。しかし、1980年に権力の座についたロバート・ムガベというクレイジーな独裁者が、その後の37年間でこの国の経済を完全に破壊した。

2000年代後半には、1日の間にモノの値段が変わるようなハイパーインフレに見舞われ、多くの人がボツワナや南アフリカで働くために国境を越えた。2009年1月には、非公式ながら年897垓《がい》(10の20乗)%という天文学的ハイパーインフレになり、100兆ジンバブエ・ドル紙幣まで登場する異常事態になった。

その後、2017年11月の軍事クーデターで、エマーソン・ムナンガグワが大統領になると、国民は歓喜した。独裁者によって国が危機的状況にさらされたのは「災害」にほかならない。私の投資信条である「災害は買い」に照らし合わせれば、「買い」の素晴らしい機会が訪れていると考えることができた。実際に**2018年にはジンバブエの投資信託を、それほど多くはないが購入している。**

残念ながら、エマーソン大統領の経済運営はうまくいっていない。国民は「蛇口をひねっても水が出ない」「1日18時間も停電する」など厳しい生活を強いられるなど、さらに状況は悪化している。国連世界食糧計画(WFP)が1400万人いる国民の3分の1が「飢餓に向かっている」と警告を発するほどだ。

しかし、ロシアや北朝鮮のような嫌われ国家には大きなチャンスがある。支配者がムガベから代わっても組織的な腐敗や強権支配は続いているが、ジンバブエがこれから変わるか見てみようではないか。

ジンバブエのCPIと実質GDP成長率の推移（1990年〜2019年）

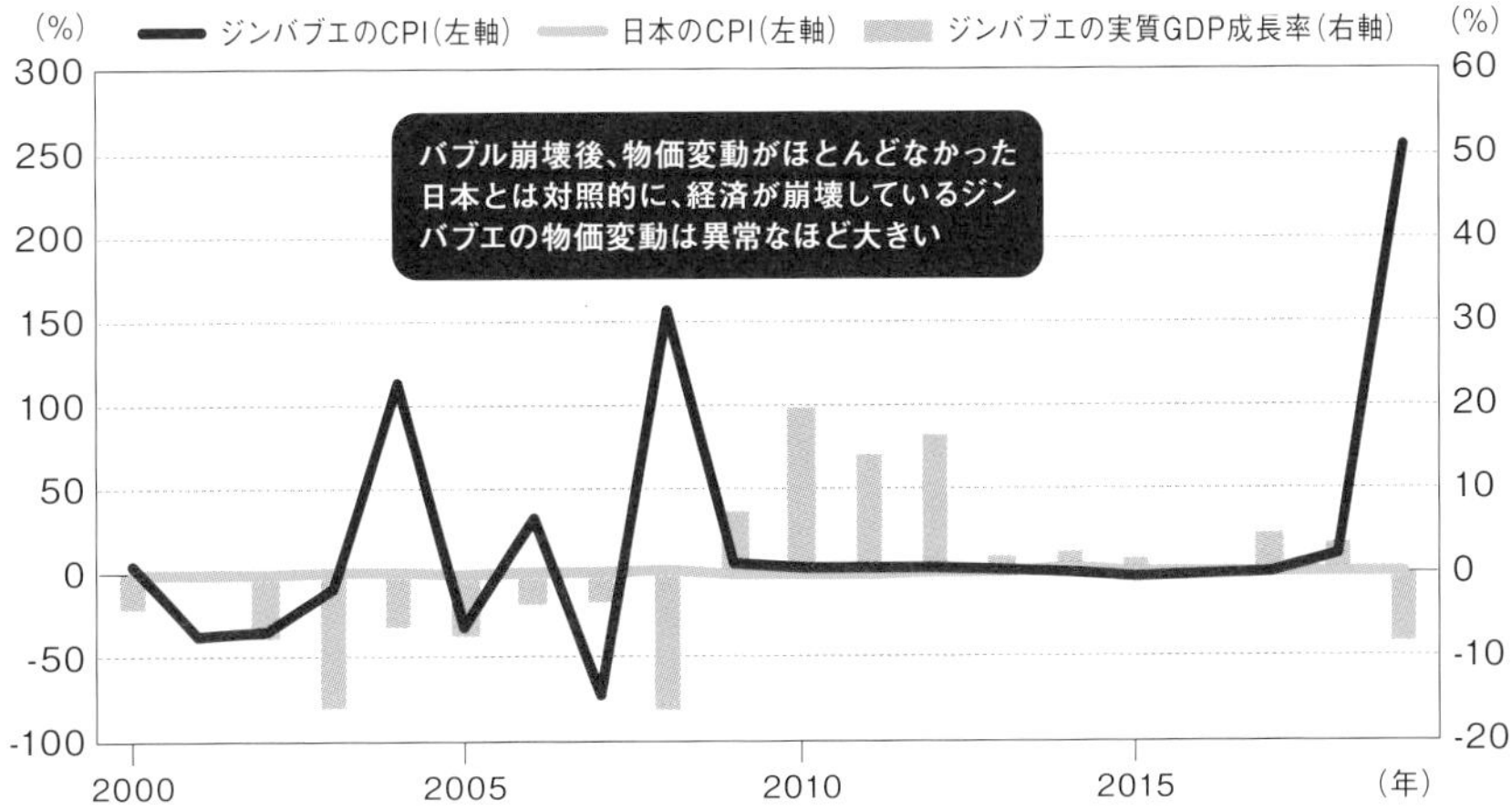

※CPI（消費者物価指数）は年平均ベース　出所：IMF

ジンバブエの移民流出入数

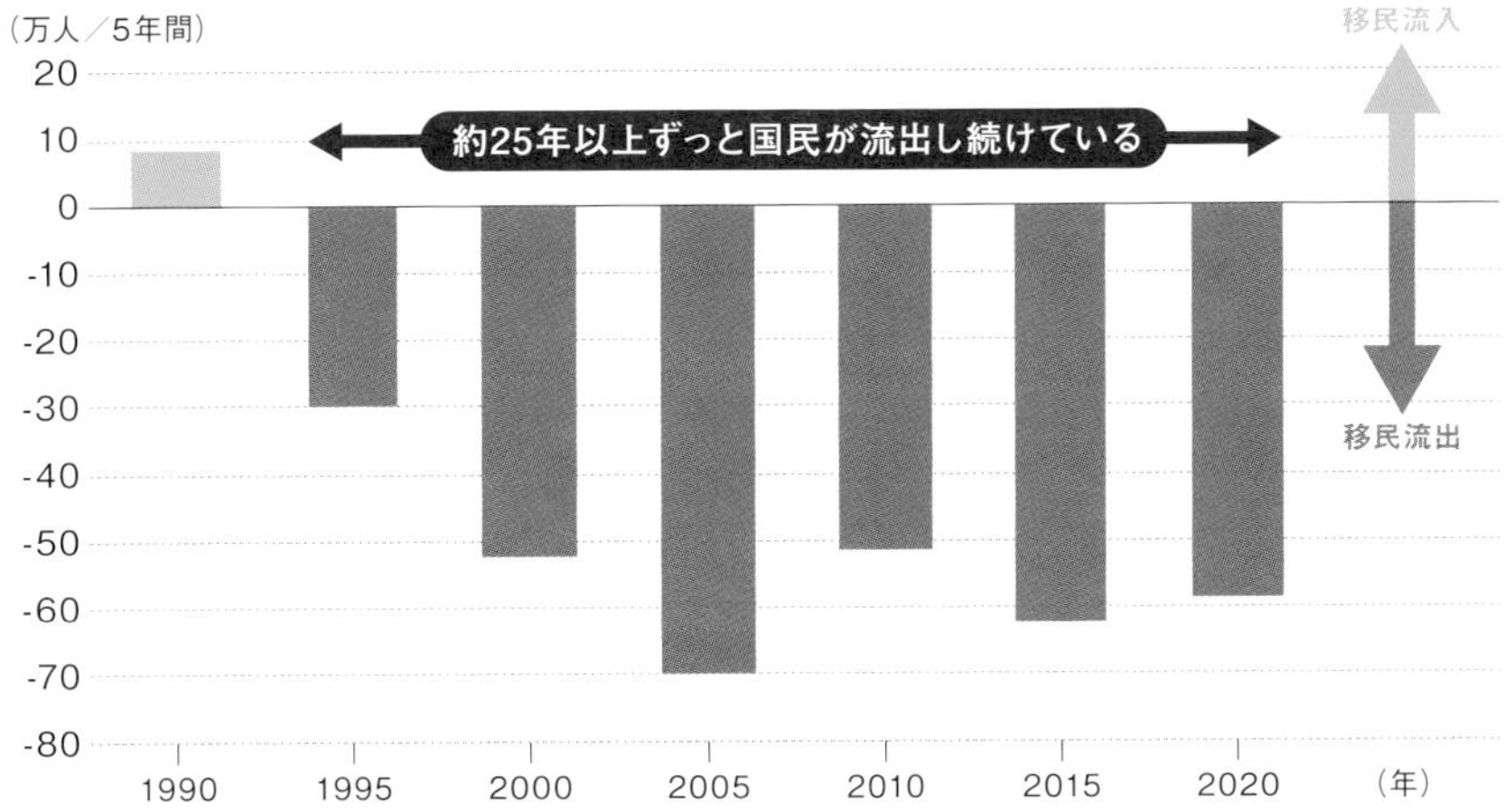

※2020年は推計値　出所：国連「World Population Prospects, 2019 Revision」

Advice from Jim Rogers

誰からも見向きもされないジンバブエだがすでに株式と投資信託を少し買った

COLUMN

私が最も影響を受けた人

●両親から学んだこと

若いときは、そのことに気づきませんでしたが、今振り返ると、両親からの影響が最も大きかったと思います。

父は化学工場のマネージャーでした。両親の間には5人の子どもが生まれ、とても小さな街の貧しい人々が多い地域に住んでいました。多くの家庭が金銭的にも時間的にも子育てに苦労している姿を目の当たりにし、それがかつて私が子どもをほしくなかった大きな理由です。

いい父でしたが、厳しかった。また、子どもたちに多くを期待していました。しかし、正しく育ててくれたから、今私たち兄弟はみな成功しています。父は子どもたちに、すべきことはきちんとさせていました。時間どおりに学校に行くこと、宿題をすること、教会にいくこと――当然、私もそれに従いました。今はもう教会には行きませんが、父は教会に行くべきと考えていた人だったので、私たちはみな行っていました。

また父は、仕事を持って正しく働かなければならないと教えてくれました。若者が仕事を持つことは重要です。時間どおりに出社し、上司から言われたことをきちんとこなし、客が求めることに対応する――そして、お金を得ることは簡単なことではないんだと。父の言うことは正しかった。簡単にお金が得られたらいいですが、現実はそうではないのです。私の兄妹たちも、若いときからそれを学びました。私も、まだ高校生と小学生の娘2人にも仕事を持たなければならないと教えています。今、小学生の次女は、西洋

→両親と一緒に写真におさまる幼少時のジム・ロジャーズ

人の男の子に中国語会話を教えるアルバイトをしています。

母は一人っ子だったので、子どものことをよくわかっていませんでしたが、優しく、子どもたちのためにできることをなんでもしてくれる人でした。父同様、子どもたちは働くべきだと考えていました。「お金を得るのは簡単なことではないんだ」「一生懸命働くことが重要だ」といつも言っていたことを覚えています。また、学校の勉強もしっかりするように言われたので、私は学校での成績は良かったんです。

アラバマ州の貧しく小さなビレッジから、最初にイェール大学に行き、次にイギリスのオックスフォード大学に行きました。大学には、世界について多くのことを知る学生がたくさんいたので驚きました。そんな学生たちからもいろいろなことを学びました。だから、娘たちにも遠くにある大学に行くように言っています。遠くに行くことで、それまでは知らなかったことを学べるからです。

たしかに、私は成績が良かったのでいい大学に行きましたが、成績がいいからといって成功するとは限りません。イェールやオックスフォードを出ても成功していない人は大勢います。成功するにはいい学生であるだけでは不十分なのです。

成功するために重要なこと――それは2人の娘にも教えていますが「忍耐力」です。ギブアップしてはいけません。教育を受けた人、頭のよい人、美しい人、才能がある人が必ずしも成功するとはかぎらない。成功するのは決してあきらめない人です。忍耐強くあることです。娘にひとつだけ教えることがあるとしたら、「忍耐強くあれ」ということです。

間違いもしましたが、私自身、よくやってきたと思います。やりたいこともやってきました。世界を2度回りましたが、それは簡単なことではありません。世界一周を始めても、途中でギブアップする人はたくさんいます。しかし、私は2回も世界中を回ることができました。

間違いというと、最初のワイフとの結婚です。2人とも24歳だったので。私も彼女も若すぎた。何をしているのかわかっていなかったし、自分自身のこともよくわかっていなかったから長続きしませんでした。ですから娘には、少なくとも28歳になるまでは結婚してはならないと教えています。

午前中から精力的に仕事をこなしていたジム・ロジャーズ氏。書斎は豪邸のなかでも、こぢんまりした部屋なのは意外だった。

第3章

日本の危機を救う7つの処方箋

「日本好き」を公言するジム・ロジャーズは、なぜ移住先に日本を選ばなかったのか。そこには、日本が抱えるいくつかの深刻で解決が難しい問題が横たわっている。日本好き、日本人好きだからこそ、その問題点と解決策を示しながら、日本人のためのメッセージを送る——。

大好きな日本に住まないワケ

▼大好きな日本だが、客観的に見て未来は暗いと言わざるをえない

私はこれまでに2度、世界一周旅行をして、6大陸116ヵ国を訪れた。そのなかでも日本は最も好きな国のひとつだ。これを日本人向けのリップサービスと思っている人もいるようだが、嘘偽りない私の本心だ。

日本ほど豊かな食文化が発達している国を他に知らない。最高のイタリアンレストランは、イタリアではなく日本にある。最高のウイスキーは、スコットランドではなく日本にある。そして、私は何より日本のウナギ、スシが大好きだ。シンガポールにもたくさんの日本料理店はあるが、やはり本場の味にはかなわない。だから、今すぐにでも日本へ飛んで行って、本場の日本食、とくにウナギを食べたいと四六時中思っているくらいだ。

それだけではない。京都を代表とする歴史都市も多く、文化も素晴らしい。そして、日本人女性は美しい。

私はアメリカからシンガポールに移住して10年以上経つが、それほど好きな日本になぜ移住しなかったのかと疑問に思う人も多いだろう。その答えはシンプルだ。**莫大な借金があり、しかも子どもをつくらない国には、未来がないからだ。**

私には高校生と小学生の2人の娘がいる。これからアメリカの時代が終わり、中国に覇権が移る。その未来を見越して、私は最愛の娘に中国語を学ばせることができる国で教育を受けさせたかった。それが将来、彼女たちの大きなアドバンテージになるからだ。

もし私がいま10歳の日本人ならば、AK－47（自動小銃）を購入して日本に居残るか、国外に脱出することを考えるだろう。日本に居住し続ければ、これからの人生で大惨事に見舞われる可能性が高いと言わざるをえない

都市別の『ミシュランガイド』の星獲得数ランキング

ひとつの目安でしかないが、世界的に有名な『ミシュランガイド』で獲得した星の数を見ても、日本の食が世界で高い評価を得ていることがわかる

	《都市名》	《国名》	★★★	★★	★	《合計》
1位	東京	日本	11	48	167	226
2位	パリ	フランス	10	17	92	119
3位	京都	日本	8	21	75	104
4位	大阪	日本	3	16	79	98
5位	ニューヨーク	アメリカ	5	14	57	76
6位	香港	中国	7	12	51	70
7位	ロンドン	イギリス	3	10	53	66
8位	シンガポール	シンガポール	2	5	37	44
9位	上海	中国	1	8	31	40
10位	サンフランシスコ	アメリカ	3	6	27	36

※シンガポール、サンフランシスコは2019年版、それ以外は2020年版　出所：『ミシュランガイド』

からだ。

「自動小銃を買う」とは、少々刺激的かもしれない。この表現に眉をひそめる人もいるだろう。ただ、大好きな日本の人たちには、あえて強い言葉を使ったほうが私のメッセージが伝わるのではないかと思っている。

もちろん、むやみやたらに銃を撃たなければいけない世の中になると言っているわけではない。**10歳の子どもが40歳になったころ、日本社会が今では想像できないほど不安定化している可能性がある**ということだ。今後、日本が衰退していき、社会不安が広がれば、東日本大震災などの国難にあっても取り乱すことがなかった日本人といえども、殺人を含めたさまざまな犯罪が増え、暴動も起きるかもしれない。

当然のことながら、大好きな日本が衰退することを私は望んではいない。しかし、日本が少子高齢化や増え続ける国の借金を解決できなければ、30年後、今の日本が抱えている社会問題はより一層深刻化しているだろう。その時、自分の身を守るために、自動小銃が必要になるかもしれないと言いたいのだ。

私が日本人なら、未来が暗いとわかっている日本から一刻も早く飛び出すことを考える。少子高齢化、増え続ける国の借金という2つの大きな問題について冷静に考えれば、その行き着く先にある日本の未来が明るくないのは誰でも簡単にわかることだ。

日本の家庭でこんな会話が増えることが目に見える。

「お母さん、どうして外国に住まないの？ どうして日本に住まなければいけないの？」

親は子どもの将来をいつも案じ、成功してほしいと思っているものだ。**もし何かで成功したければ、沈みゆく船にしがみつくのはナンセンスだ。**よりよい暮らしを送りたいと考えるのなら、今後起こり得る環境の変化に合わせて生存戦略を考えなければならない。

外国に住むのが難しくても、できることは他にある。たとえば、そのひとつが言語だ。私が2人の娘に中国語を学ばせているのは、世界で11億人以上が話す言語を学ぶことで未来の可能性が大きく広がると考えたからだ。もし日本人の10歳の子どもが、日本語しか話せないままだったら、将来、ビジネスチャンスを得られないだけでなく、まともな職にさえ就けなくなるかもしれない。それほど危機的状況であるということだ。

話者が多い言語ランキング(2020年)

《順位》	《言語名》	《主に話されている国・地域》	
1	英語	イギリス、アメリカなど約80の国・地域	12億6,800万人
2	中国語(北京語)	中国東北部・華北・西北部・西南部など	11億2,000万人
3	ヒンディー語	インド北部・中部	6億3,700万人
4	スペイン語	メキシコ、アルゼンチン、スペイン、アメリカなど	5億3,800万人
5	フランス語	フランス、ベルギー、カナダ・ケベック州、セネガルなど	2億7,700万人
6	標準アラビア語	アラブ諸国	2億7,400万人
7	ベンガル語	バングラデシュ、インド・西ベンガル州	2億6,500万人
8	ロシア語	ロシア連邦	2億5,800万人
9	ポルトガル語	ポルトガル、ブラジル、アンゴラ、マカオなど	2億5,200万人
10	インドネシア語	インドネシア、東ティモール	1億9,900万人
11	ウルドゥー語	パキスタン、インド北部	1億7,100万人
12	標準ドイツ語	ドイツ、オーストリア、スイス、ベルギーなど	1億3,200万人
13	日本語	日本	1億2,600万人
14	スワヒリ語	タンザニア、ケニア、ウガンダ、コンゴ民主など	9,900万人
15	マラティー語	インド・マハーラーシュートラ州	9,500万人

出所: SIL International「Ethnologue: Languages of the World」,Twenty-third edition

Advice from Jim Rogers

**日本は私も大好きな素晴らしい国だ。
それと未来が有望かはまったく別問題だ**

いますぐ取り組むべき日本の課題

①「人口減少」「少子高齢化」を止めよ

▼人口が増えない国は衰退することを避けられない

戦後、日本人は勤勉に働き、世界第2位の経済大国にまで上り詰めた。それは人口が増えていた時代の話だ。日本の問題は「人口減少」と「少子高齢化」にある。日本政府はこの問題をかなり前から認識していたのに、有効な手を打ってこなかった。

今からでも日本政府は、少子化対策として効果がありそうなことは何でもやるべきだ。日本に最も必要なのは赤ちゃんなのだから、子育てにインセンティブを与え、仕事と両立できる環境を整えることが急務である。

しかし、状況は悪化するばかりだ。**２０１９年の出生数は対前年比５・９２％減となり、86・４万人になった。**日本政府の予想より2年も早い90万人割れだった。

日本が人口を維持する人口置換水準（人口が長期的に増えも減りもせずに一定となる出生数）は、女性１人当たり２・０７人である。２０１８年の日本の合計特殊出生率は１・４２人で、すぐに人口置換水準まで上昇させることは非現実的だ。

聡明な日本人なら、少子化が国の存亡に関わる解決すべき問題という認識を共有しているはずだ。にもかかわらず、日本では、電車やエレベーターの中でベビーカーを押す母親に対して、まるで邪魔者のような冷たい視線を向ける人が少なくないと聞く。シンガポールではやさしく手助けする人ばかりだ。

社会の雰囲気が子育てする人に対して寛容でなければ、日本人女性が出産に積極的になれないのは当然だろう。もっと「子は宝」と考える社会にするべきだ。それだけでも、少子化対策に一定の効果が出ると思う。

同時に高齢化も進んでいる。２０１９年の敬老の日（９

日本の出生数と合計特殊出生率の推移

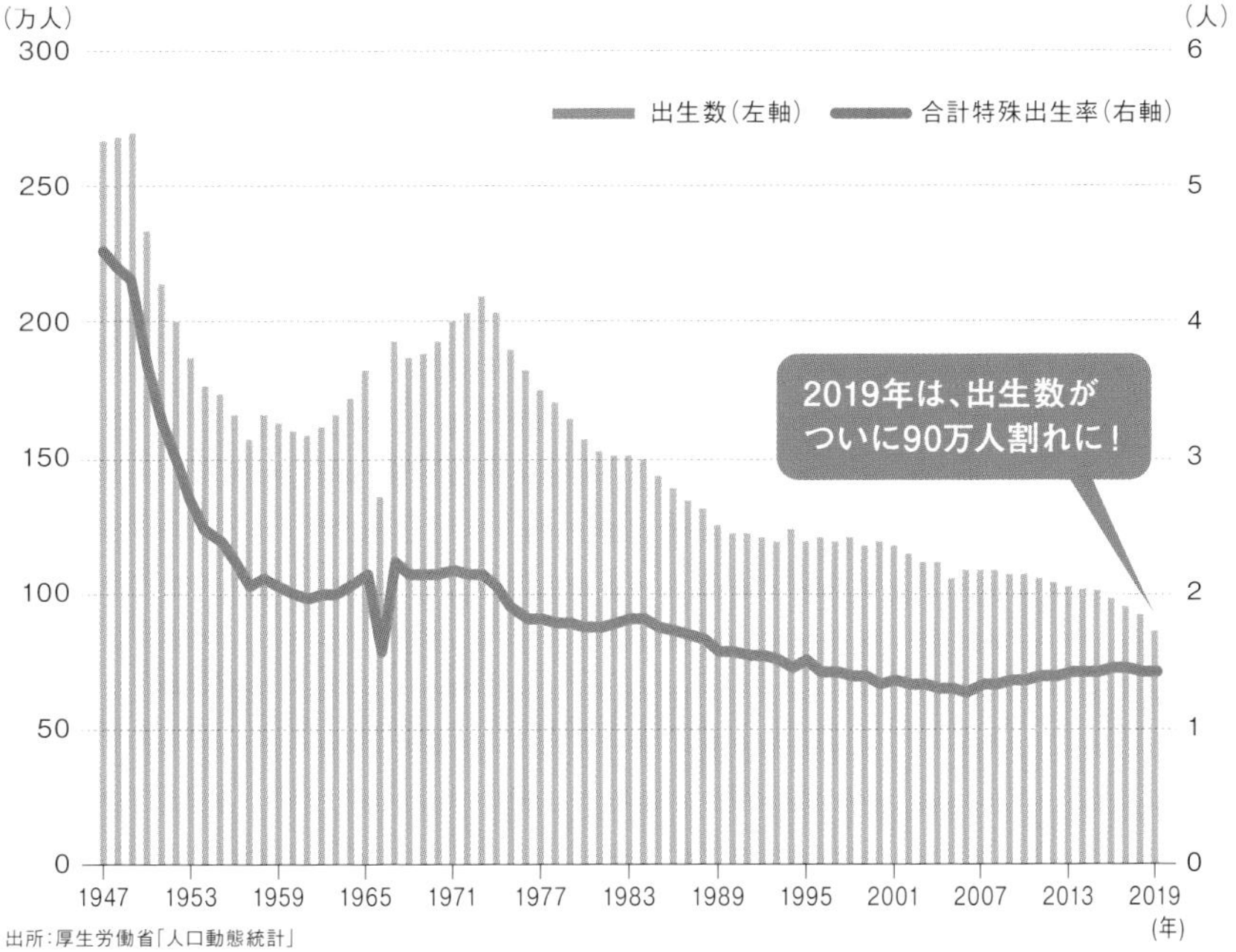

出所:厚生労働省「人口動態統計」

主要国における高齢者人口の割合(2019年)

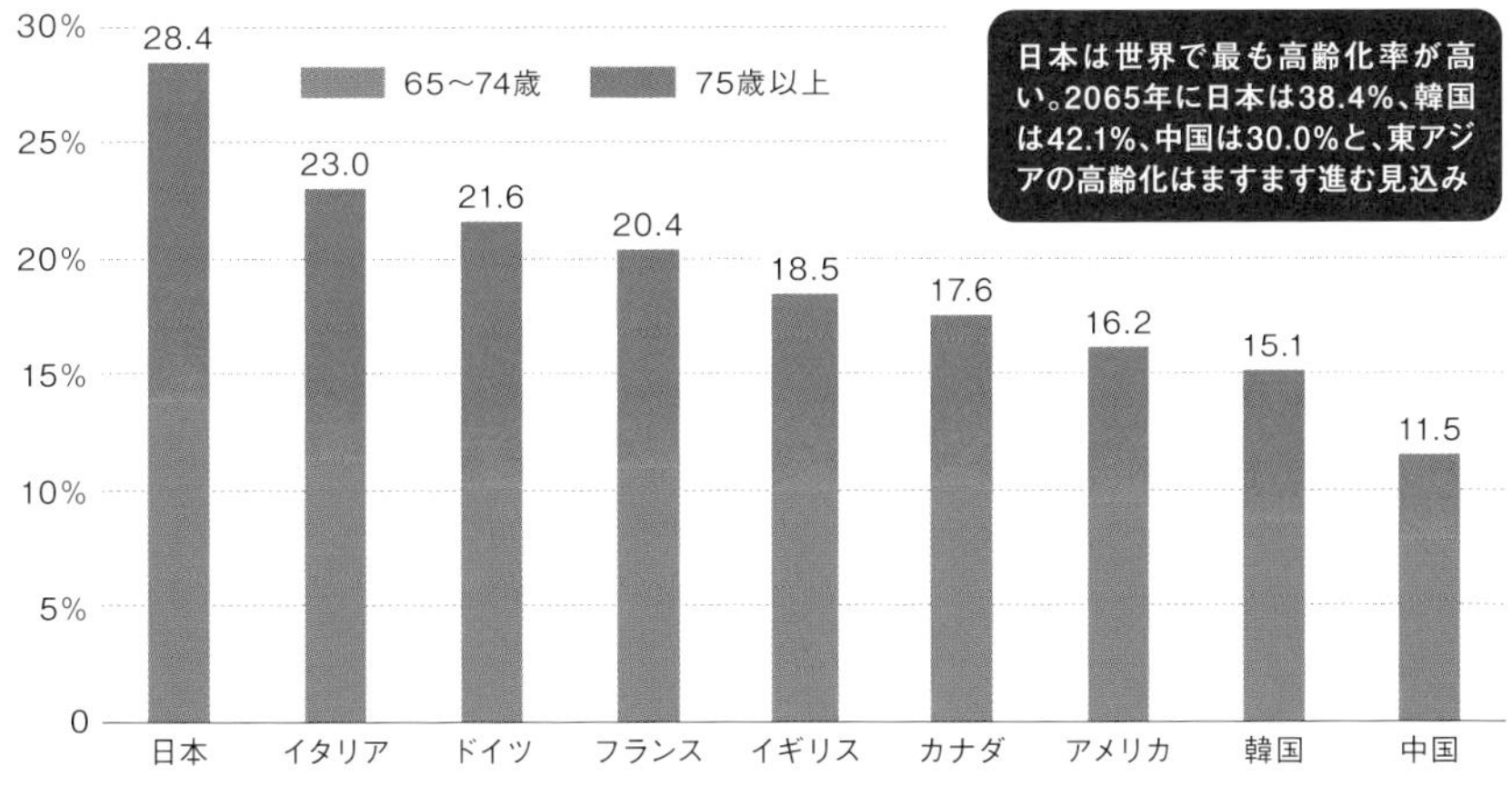

注)日本は、2019年9月15日現在、他国は、2019年7月1日現在
出所:日本は、総務省「人口推計」、他国は、国連「World Population Prospects: The 2019 Revision」

月16日）に合わせて発表された数字を見ると、**日本の高齢化率（65歳以上の割合）はすでに28・4％と世界一だ。**中国は9人に1人、アメリカは6人に1人が高齢者だが、日本はすでに4人に1人以上が高齢者になっている。

国連の定義では、高齢化率が7％を超えると「高齢化社会」、14％を超えると「高齢社会」と呼ばれる。日本は1970年に7％に達しており、50年前から「高齢化社会」で、それからわずか24年後の1994年には14％に達した。そして、今から50年後には人口の40％が65歳以上になると予測されている。今後は、扶養される者ばかりが増え、扶養する者がますます減ってしまう。

もちろん少子高齢化は日本だけの問題ではない。私が住むシンガポールや香港などアジアの国々や、イタリアやドイツなど欧州の国々も同様の問題を抱えている。しかし多くの国は日本とは異なり、合法的あるいは非合法的に移民を受け入れている。

今や、シンガポールの総人口の半数が国外で生まれた人々だ。それが現在の繁栄の基礎となっている。もちろん、問題がないわけではないが、新しい血を入れることが国に活力をもたらすメリットのほうが大きい。

子どもを産む世代の絶対数が減っている以上、人口が減少する趨勢は当分続くことになる。この状況を変えるにはものすごい勢いで移民を受け入れるしかない。

安倍首相は外国人労働者を受け入れる方向へと舵を切りつつあるが、依然、人口1億2600万人の国が受け入れる水準としては不十分だ。日本がシンガポールと同じことをやろうと決断するのは難しいかもしれないが、真剣に考えるべき時は迫っている。

今後、日本の国力がますます衰えれば、国外に逃げ出す若者が増えて人口減少に拍車がかかる可能性は高い。加えて、より魅力的な国へ行きたいと考える移民に見向きもされなくなるかもしれない。そうなってから慌てて日本に来てほしいとお願いしても手遅れだ。

私は日本好きだが、客観的に見た場合、この先も日本が素晴らしい国であり続けるかどうか、確信が持てない。人口が増えない国は衰退する運命にあることを歴史が証明しているからだ。

日本がすぐに消滅することはないが、将来的には、「かつて日本という国があった」と歴史の教科書に記述されることになるかもしれない。

日本の高齢者数と高齢化率の推計

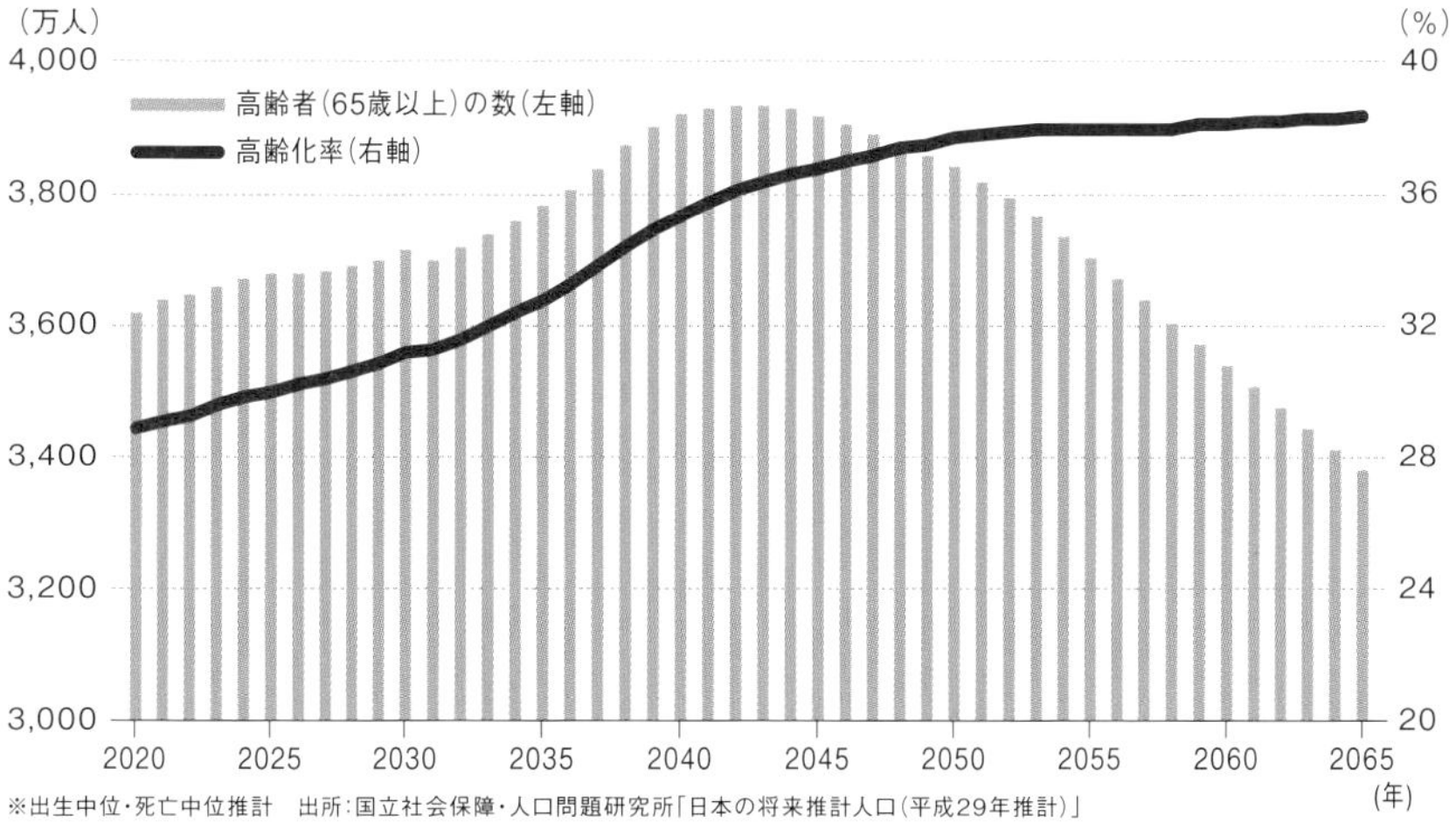

※出生中位・死亡中位推計　出所:国立社会保障・人口問題研究所「日本の将来推計人口(平成29年推計)」

主要国における高齢化率が7%から14%へ要した期間

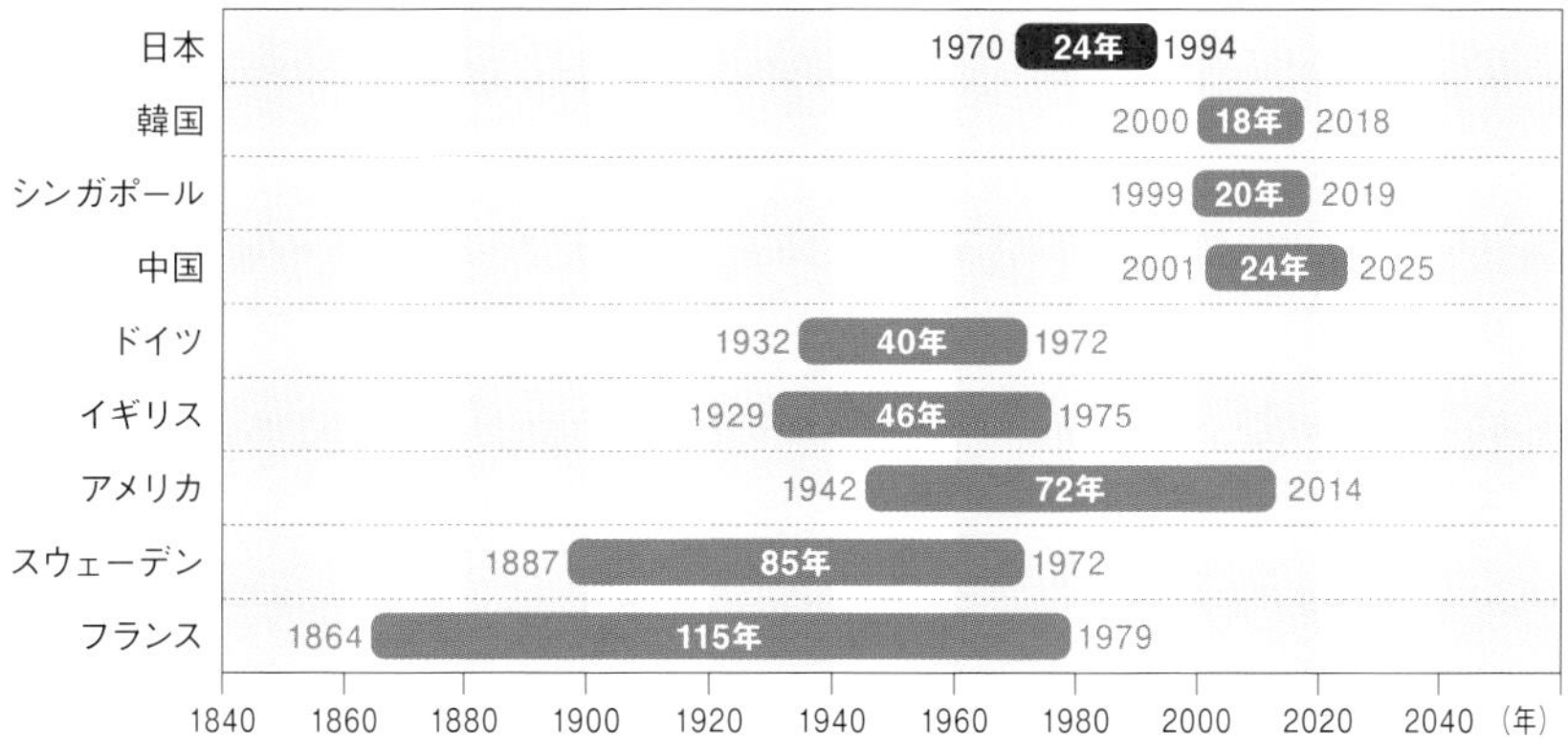

出所:国立社会保障・人口問題研究所「人口統計資料集」(2018年)
(注) 1950年以前はUN, The Aging of Population and Its Economic and Social Implications(Population Studies,No.26,1956)及びDemographic Yearbook, 1950年以降はUN, World Population Prospects:The 2017 Revision(中位推計)による。
ただし、日本は総務省統計局「国勢調査」、「人口推計」による。1950年以前は既知年次のデータを基に補間推計したものによる。

Advice from Jim Rogers

日本の出生数の減少は予想より早い。
もはや移民受け入れしか解決の道はない

② 「財政赤字」をいますぐ減らせ

▼借金を増やしてばかりいる安倍首相と黒田総裁は日本を破滅に導いている

まず言っておきたいのは、**とんでもないスピードで借金を減らさないかぎり、日本は長期低迷から脱出できないということだ。**借金が増えて人口が減る国に「明るい未来がある」と考えるのは、普通に考えて無理があるというものだ。

すでに述べたように、50年後の日本は人口の40%が65歳以上になると予測されている。富を生み出さず、富を使ってしまう老人が増え、富を生み出す労働人口はますます減っていく。だから私は30年後には日本で暴動が起きてもおかしくないと本気で考えているのだ。そうなれば、私が愛する規律正しい日本人でいられなくなるかもしれない。

実際、日本国債の格付けを見ると、先進国のなかでも決して高いとはいえない。その主因は言うまでもなく「巨額の財政赤字」だ。以前から言ってきたことだが、この問題は非常に深刻だ。しかも悪化を続けている。

自分の家計に置き換えればわかりやすい。もしあなたの家計の収支が赤字になったら、まず何を考えるだろうか。劇的に収入を増やすのが難しいのであれば、ムダな支出を減らして、支出が収入を上回らないようにするはずだ。

ところが日本政府は毎月赤字で火の車なのに、赤字を減らすどころか、支出を増やしており、プライマリーバランス（基礎的財政収支）の黒字化にはほど遠い状況だ。その結果、国の借金はこの20年で約2倍に膨れ上がり、約１１１０兆円という途方もない数字になってしまった。

安倍首相は、先進国で最悪の財政赤字を抱えるにもか

日本の「国の借金」の推移

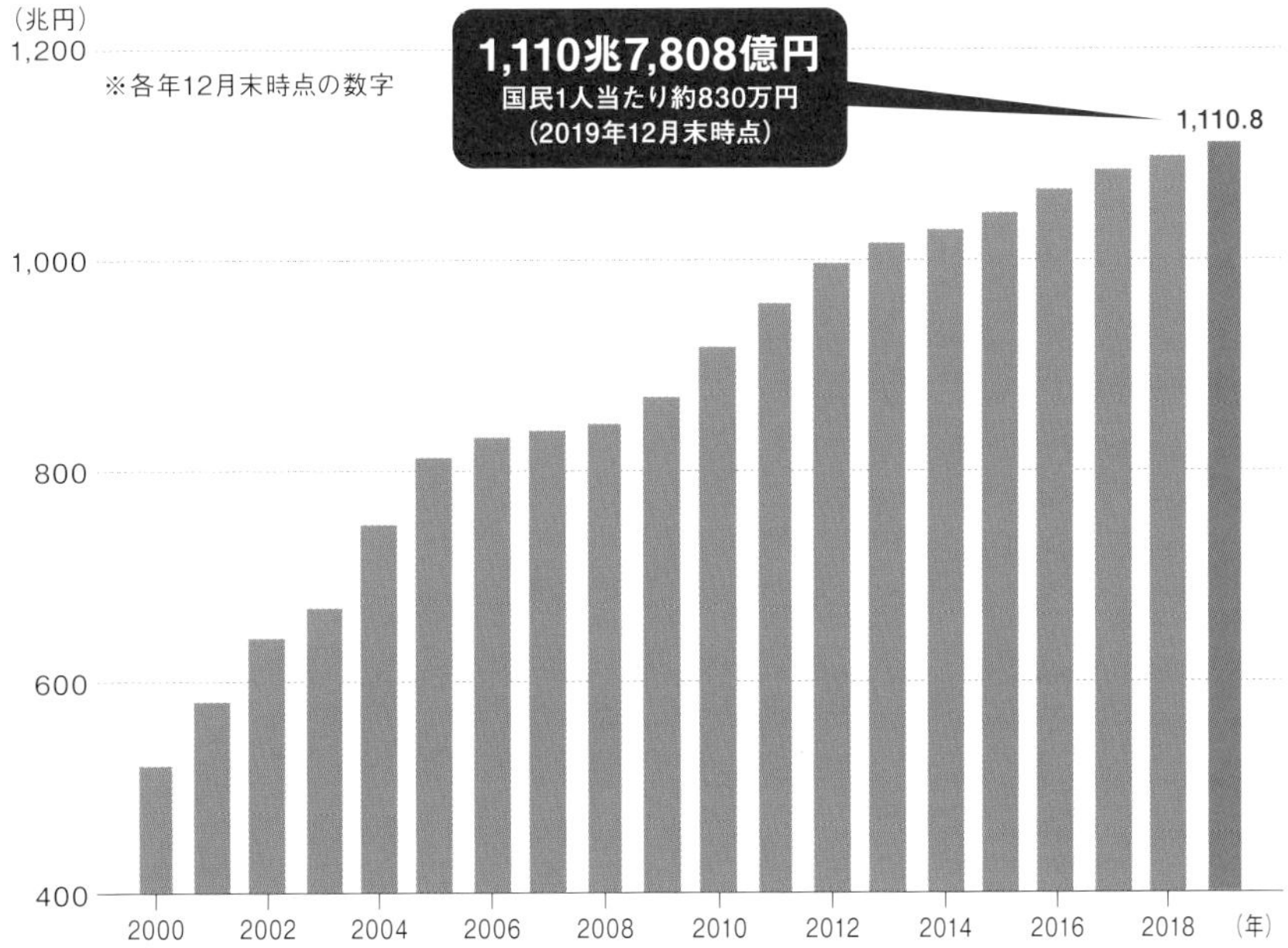

出所:財務省

主要国の国債(ソブリン債)格付け(2020年4月末)

国名	S&P	ムーディーズ	フィッチ
ドイツ	AAA	Aaa	AAA
シンガポール	AAA	Aaa	AAA
カナダ	AAA	Aaa	AAA
アメリカ	AA+	Aaa	AAA
フランス	AA	Aa2	AA
イギリス	AA	Aa2	AA-
韓国	AA	Aa2	AA-
中国	A+	A1	A+
日本	**A+**	**A1**	**A**
イタリア	BBB	Baa3	BBB-
ギリシャ	BB-	B1	BB
アルゼンチン	SD	Ca	C

出所:各社資料

かわらず、ムダな公共事業に公費をさらにつぎ込んだ。こんな愚かな政治判断をするのは、借金のツケを返す日本の若者のことを考えていないからだろう。**永遠に借金を続けることなど不可能なのだから、日本は防衛費や公共事業をはじめとする支出を削減するべきだ。**

そこに新型コロナウイルスのパンデミックが世界経済を揺るがせた。

これまでも日本銀行の黒田東彦《はるひこ》総裁は、恐るべき規模の金融緩和を行い、国債やＥＴＦ（上場投資信託）やＲＥＩＴ（上場不動産投信）を大量に買い入れてきたが、新型コロナウイルスの影響で、株価が暴落すると、さらに買い入れ額を増やした。黒田総裁は事態をますます悪化させている。クレイジーとしかいいようがない。

安倍首相と黒田総裁は日本を破滅に導いている。今すぐ辞任すべきだと思う。

日本の長期的な危機は２０２１年、あるいは２０２２年に訪れる。そして同時に、増やし続けてきた借金を減らさなければいけない。長期的な視点で見た場合、これまでも繰り返してきたように、借金が増えて人口が減る国は成長するはずがない。

難しく考える必要はない。当たり前に考えればわかることだ。人口減少対策と負債の削減を同時に行わなければ、日本の長期低迷は不可避だ。このままいけば、日本には悲惨な末路しかないだろう。

私は以前から、２００８年のリーマンショックをはるかに超える危機がやってくると言ってきた。新型コロナウイルスは、そのトリガーに過ぎない。「終わりの始まり」が始まったのだ。

中国では２０２０年1~3月期に企業倒産が相次ぎ、その数は約46万社に上るという報道が出た。２０２０年3月には、インドで4番目に大きな銀行がインド準備銀行（中央銀行）の管理下に置かれ、同行からの預金引き出しも制限されるなど、変調はすでに顕在化し始めている。そもそもインドでは数年前から多くの債務不履行が起こっており、経済政策の行き詰まりのサインが各方面で少しずつ表面化していたのだ。

こうした事態はますます増えていくだろう。２００８年に比べて負債総額がはるかに膨れ上がっている日本にとっても、こうした事態は対岸の火事で済まされるわけがない。

プライマリーバランスとは？

プライマリーバランスとは、社会保障や公共事業をはじめさまざまな行政サービスを提供するための経費（政策的経費）を、税収などで賄えているかどうかを示す指標。現在、日本のプライマリーバランスは赤字で、家計にたとえると、毎月、新たな借金をして、給料収入（税収など）を上回る生活費（政策的経費）を支出している状況が続いている。

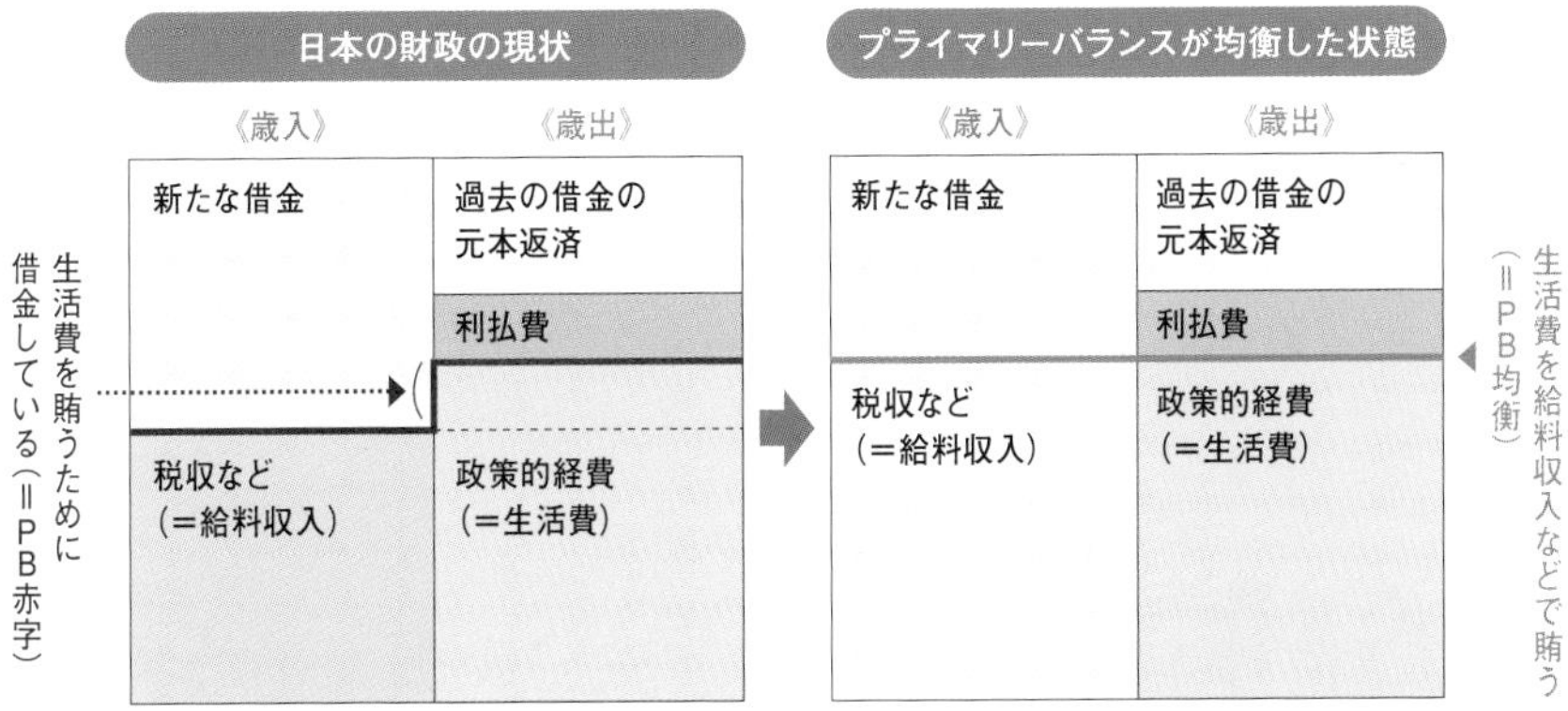

日本のプライマリーバランスの推移

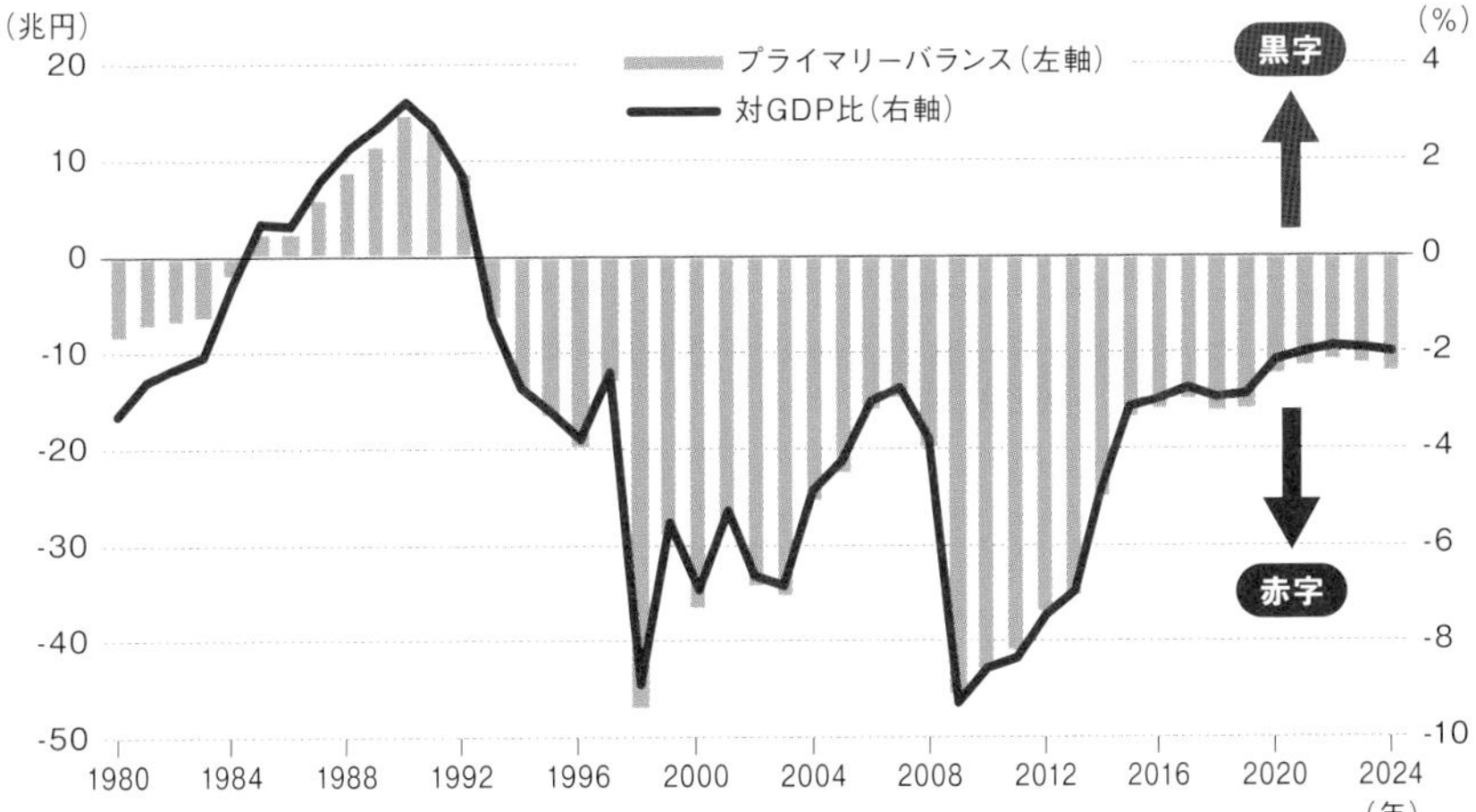

※2018年以降は推計　出所：IMF

Advice from Jim Rogers

財政赤字を子や孫の世代に先送りするな。
今すぐ債務を削減しなければ未来は暗い！

③ 東京五輪で経済停滞を覚悟せよ

▼オリンピックのために借金を増やしているのは大きな間違い

日本の経済成長率は長く低迷している。その結果、日本は世界第2位の経済大国の座を中国に明け渡し、世界最大のアメリカにも大きく差をつけられた。

日本の景気を浮揚させる起爆剤として期待されている2020年の東京オリンピック・パラリンピック（以下、東京五輪）は、新型コロナウイルスの世界的大流行の影響によって、1年延期されることが決まったが、**私は東京五輪が低迷している日本を浮揚させる直接的きっかけになるとは思わない。**

東京都が2017年に発表した試算によると、開催が決定した2013年から大会10年後の2030年までの18年間にわたり、全国で約32兆3000億円の経済効果があるとしており、日本経済にポジティブな影響を与えると考えている人は多い。もちろん、さまざまな経済波及効果はある。すでに新しいスタジアムや道路が完成している。これらの需要はすでに発生しているのだから、こうした事業に関わった人たちは一定の恩恵を受けるだろう。開催中は、観光地やレストランも少しは賑わうかもしれないが、それは開催期間中だけに限定された需要に過ぎない。

たしかに、第1章で触れたように、日本の観光業の未来は明るいとみていて、東京五輪は、日本を世界にアピールするキッカケにはなるだろう。

しかしながら、政治家はポジティブな成果をアピールするかもしれないが、歴史を振り返れば、オリンピック後に開催国の経済が上向くという明確なエビデンスはない。左ページのグラフを見るとわかるように、オリンピック後に開催国の景気が必ずしも上向くわけではないこと

日米中の経済成長率の推移(1990年〜2018年)

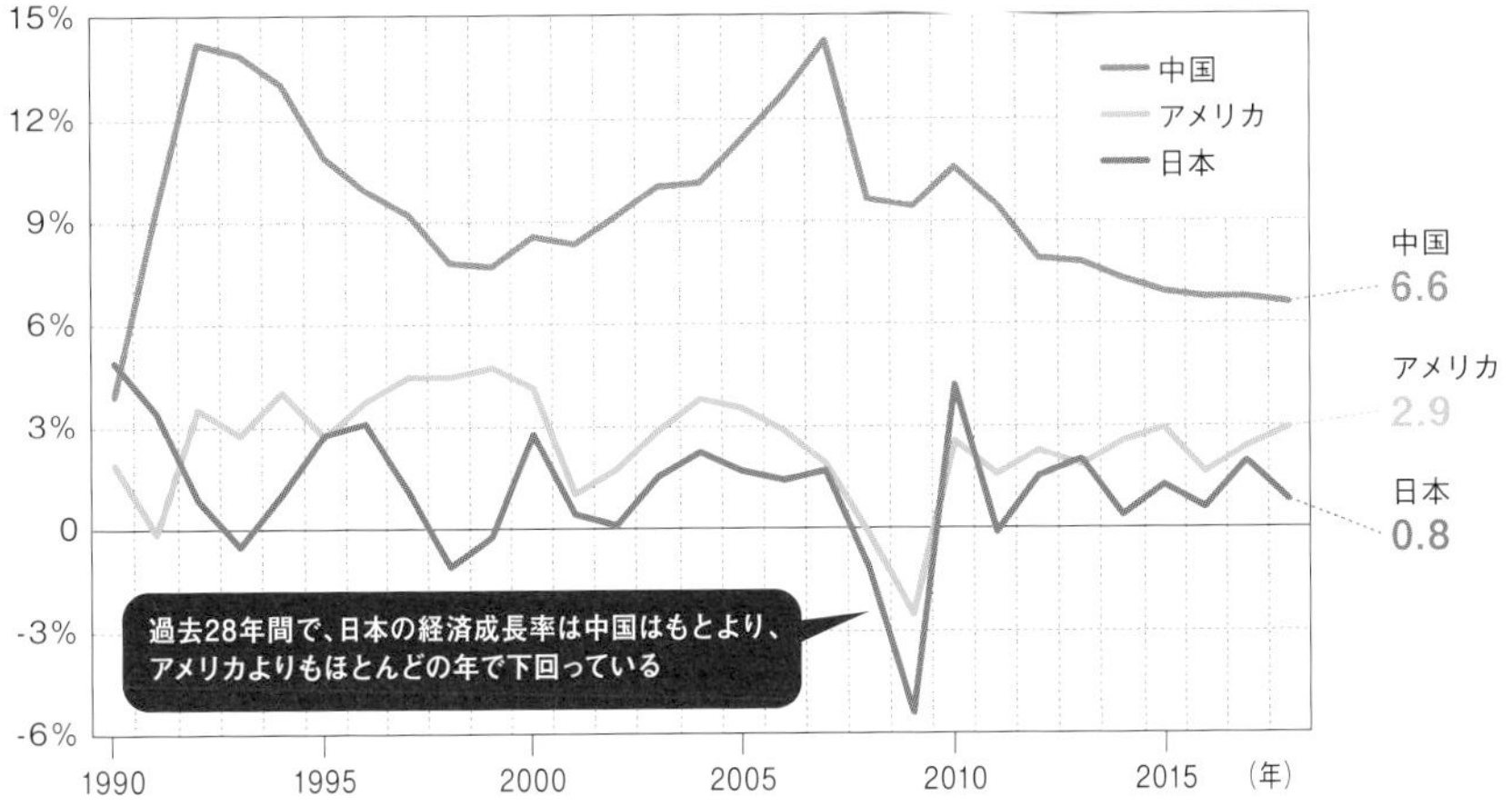

出所:IMF

オリンピック開催前後の開催国のGDP成長率

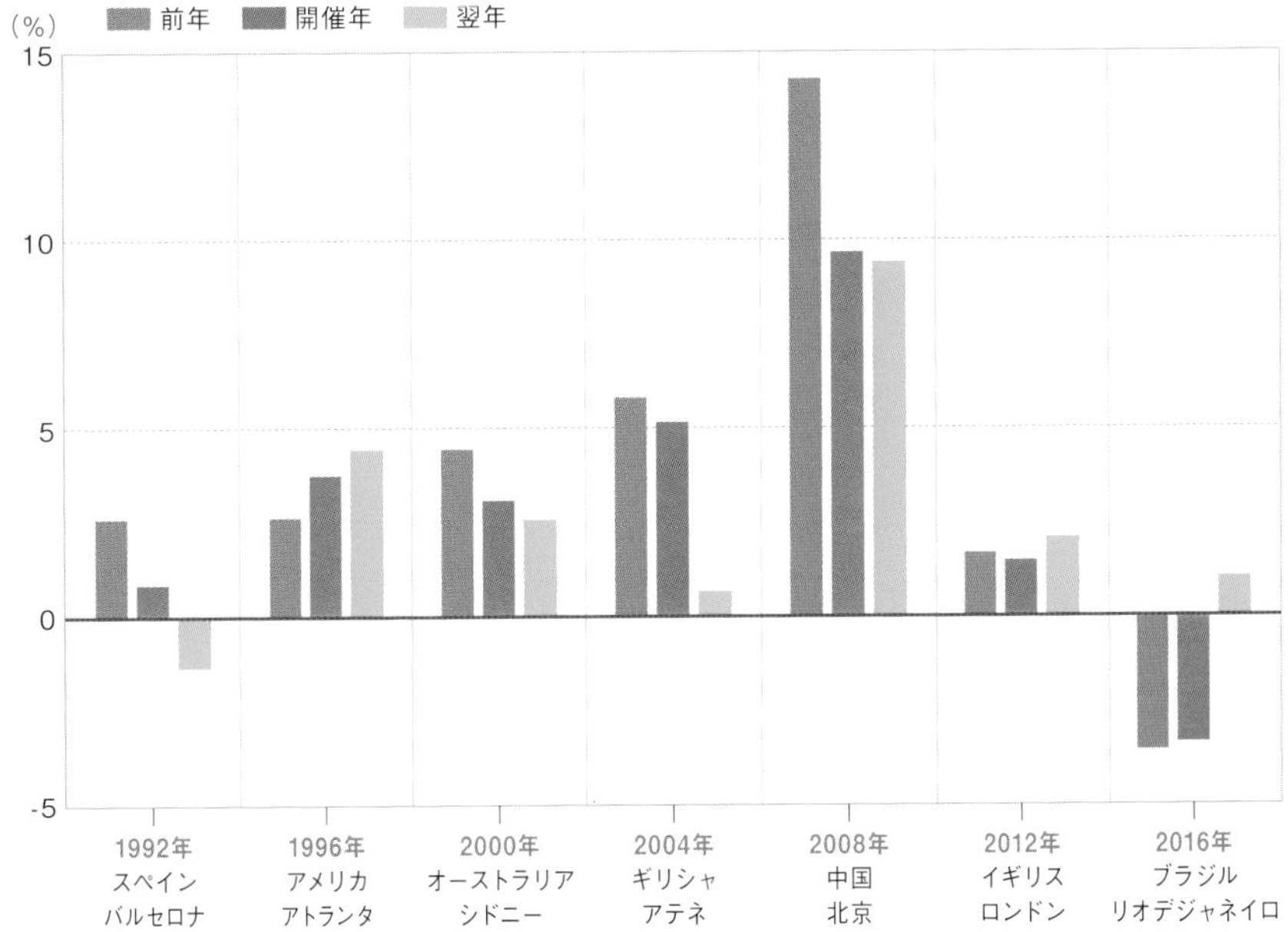

出所:IMF

は一目瞭然だ。むしろ92年のバルセロナ五輪以降は、開催翌年に開催年のGDP成長率を下回るケースが多い。

日本が低迷している大きな原因は、これまで述べたように、少子高齢化や増え続ける国の借金などの問題が悪化していることにある。

東京五輪は、日本の借金を増やして財政を悪化させている。長期的な視点に立てば、日本経済にネガティブな要素ということだ。すでに多額の負債を抱える日本にとって、オリンピックはさらなる重荷となり、日本を衰退させる要因にもなりかねない。一部の人に短期的な収入をもたらすことはあっても、国全体を救うことにはならず、むしろ弊害のほうが大きいのだ。

２０１２年のロンドン・オリンピック、２０１６年のリオデジャネイロ・オリンピック、両国ではオリンピック後、ホテルやレストラン、観光業が短期的に盛り上がったのだろうが、劇的に変化したといえるだろうか。

さらにクレイジーなことに、安倍首相は東京五輪を前にした２０１９年10月、消費税を10％に上げてしまった。２０２０年の東京五輪の開催に伴う大きな出費が予定されているうえ、増税をしてしまえば、日本の課題のひとつである少子化にも悪影響を及ぼす可能性が高い。日本がすべきことは、消費税率を上げるよりも、防衛費などの支出をバッサリと削減することだった。

しかも、オリンピックの開催が延期になったことで、日本経済は無傷ではいられない。おそらく、２０２１年の五輪開催時のインバウンド（訪日外国人観光客）の数や日本国内の消費は、当初の予想よりも減るはずだ。それによって、経済は停滞するかもしれない。21年夏に開かれたとしても、それによって日本経済が好転することはないということだ。

安倍首相と黒田総裁が行っていることは、短期的には株価が上がるので、その場しのぎとしてはいいかもしれない。しかし、長期的に考えれば物事を悪化させるばかりだ。そのことに日本人は早く気づくべきだ。

一方、日本という国の未来を憂い、本当に必要なことをしようとする人は選挙で当選できない。何が問題であるかを理解しているのに、それを実行できないことが、日本の危機であり、不幸だ。東京五輪に根拠のない希望をもつのではなく、防衛費の削減など、やるべきことをすぐに実行することだ。

消費支出（2人以上世帯、実質、前年同月比）の推移（2019年1月～2020年2月）

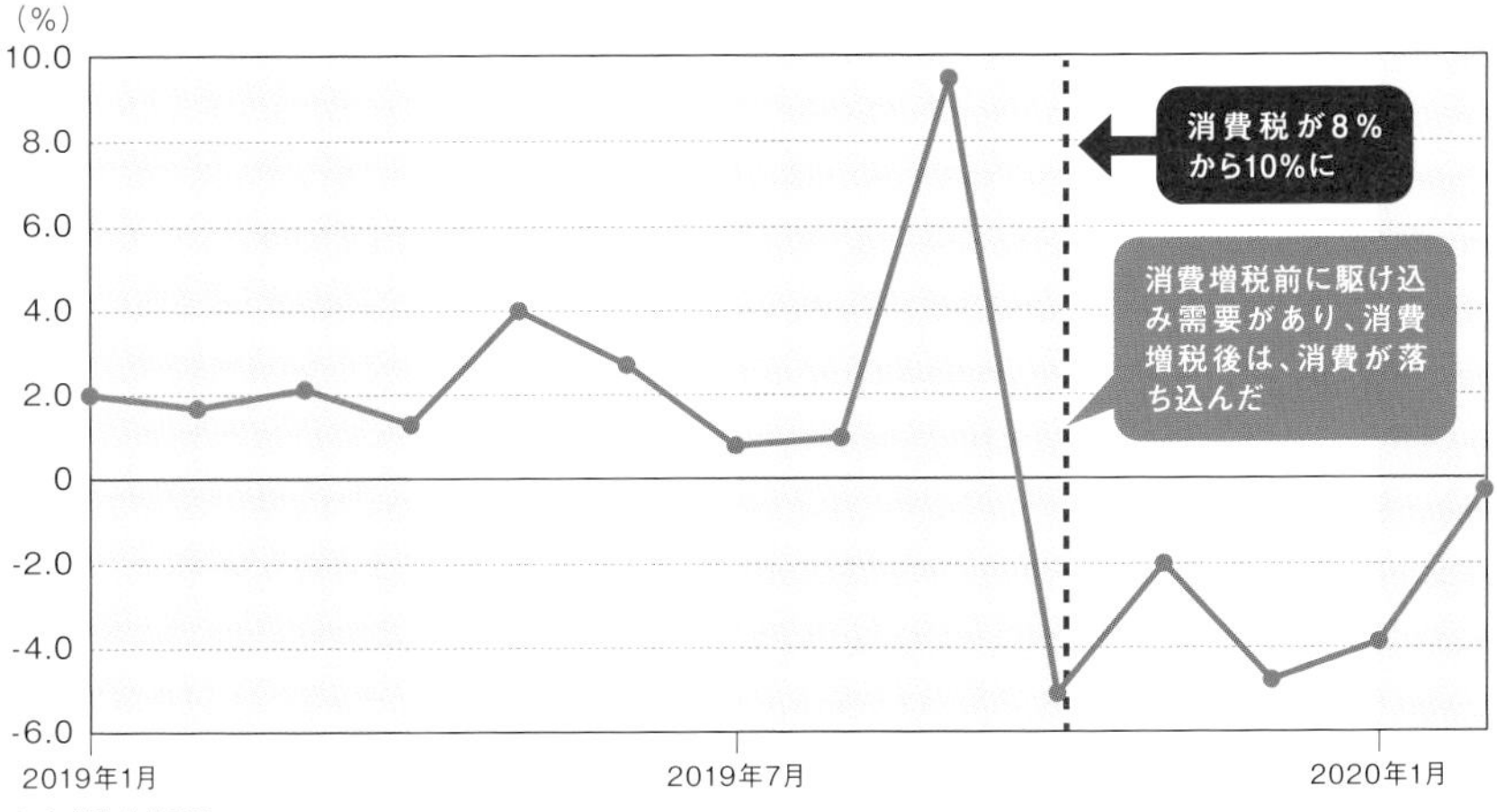

出所：総務省統計局

日本の防衛費の推移

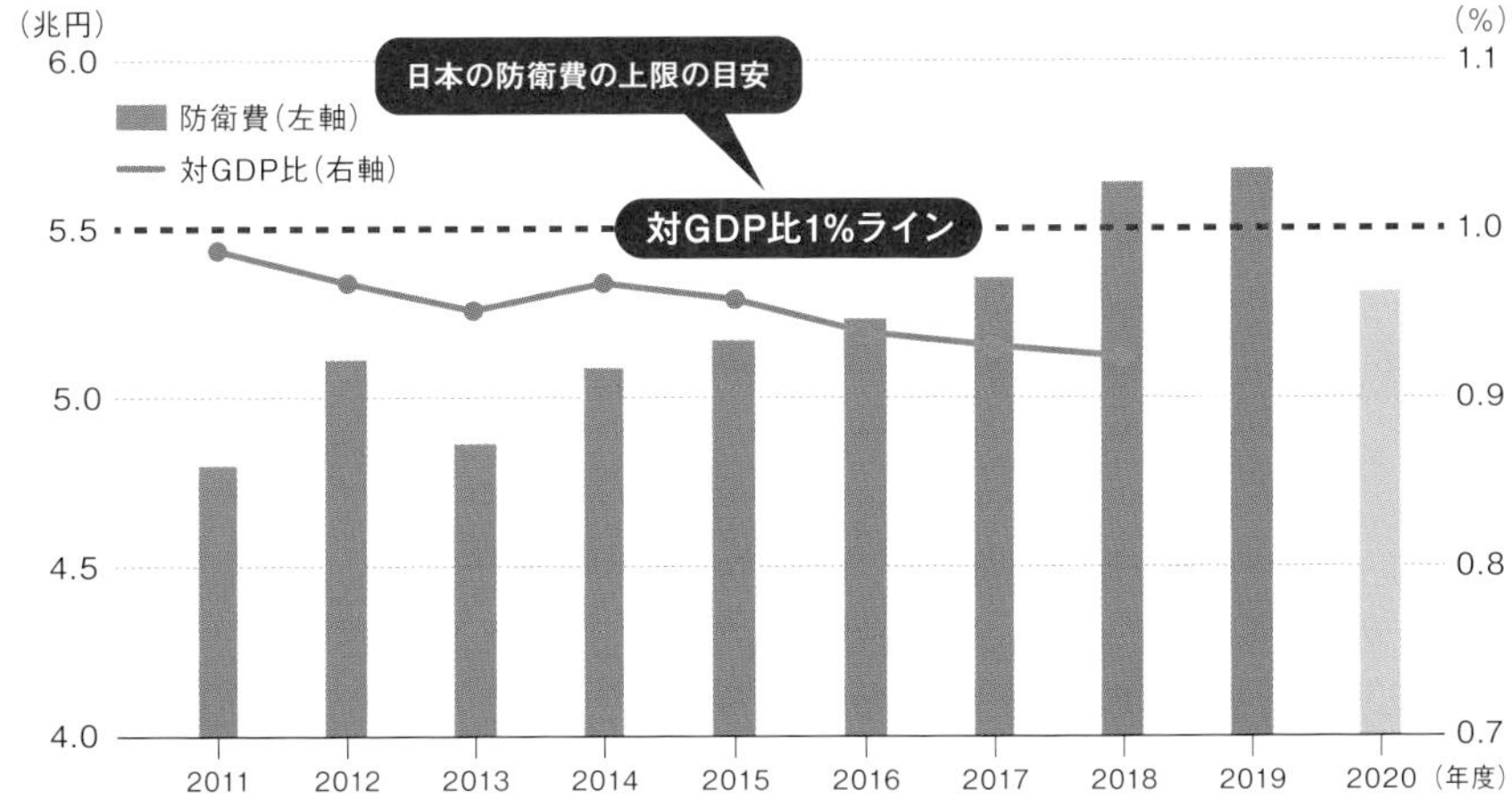

※2020年度を除き各年度とも補正後予算額。　出所：財務省、ストックホルム国際平和研究所

国の借金を増やす東京五輪は、長期的には日本経済にとってマイナス

いますぐ取り組むべき日本の課題

4 「技術力」の優位性を取り戻せ

▼日本にはGAFAやBATHが登場していないが、「高品質」のプライドは忘れるな！

日本人は何かをする時に、世界のどの国の人よりうまくやる。世界一のイタリア料理店も、ベストなステーキハウス、ウイスキーも日本にあると私は思っている。

かつてアメリカに日本車が現れはじめた時、最初はバカにしていたアメリカ人も日本車の高い品質を認めざるを得なかった。その結果、ビッグ3（ゼネラルモーターズ、フォード、クライスラー）の牙城を崩した。そして、アメリカ人が目の敵にするほど日本車は売れに売れた。

しかし、かつてはアメリカのみならず世界中を席巻した日本企業だが、アメリカのGAFA（グーグル、アマゾン、フェイスブック、アップル）や、中国のBATH（百度《バイドゥ》、アリババ、テンセント、ファーウェイ）のような企業を生み出せていない。1990年代の世界の株式時価総額を見ると、日本企業が上位を独占していたものだが、今では日本企業の時価総額トップのトヨタ自動車でさえ、トップ10にはほど遠く、30位にも入れなくなってしまった。

バブル崩壊後、経済の低迷が長引き、日本企業の国際的なプレゼンスは低下するばかりだ。その理由のひとつとして生産性の低さが問題視されるようになった。たしかにそういう側面もあるのだろうが、日本企業、そして日本人は、生産性のために品質を犠牲にするような愚かなことはしてはいけない。**日本人の強みは世界一の「高品質」と、それを可能にする国民性にある。そのプライドをもう一度取り戻すべきだ。**長引くデフレで、日本人は「とにかく安く」ばかりを考えるデフレ脳になってしまっているのではないか。品質を落として安く売るのは絶対に反対だ。

1989年と2019年の世界の株式時価総額ランキング

30年前は、日本企業が世界の
TOP20をほぼ独占していた！

1989年 ※1989年5月末日時点 / 2019年 ※2019年3月末日時点

1989年 企業名	時価総額（億ドル）	順位	2019年 企業名	時価総額（億ドル）
NTT（日）	1,639	1	マイクロソフト（米）	9,050
日本興業銀行（日）	716	2	アップル（米）	8,960
住友銀行（日）	696	3	アマゾン（米）	8,750
富士銀行（日）	671	4	アルファベット（米）	8,170
第一勧業銀行（日）	661	5	バークシャー・ハサウェイ（米）	4,940
IBM（米）	647	6	フェイスブック（米）	4,760
三菱銀行（日）	593	7	アリババ（中）	4,720
エクソン（米）	549	8	テンセント（中）	4,380
東京電力（日）	545	9	ジョンソン&ジョンソン（米）	3,720
ロイヤル・ダッチ・シェル（英）	544	10	エクソン・モービル（米）	3,420
トヨタ自動車（日）	542	11	JPモルガン・チェース（米）	3,310
GE（米）	494	12	ビザ（米）	3,140
三和銀行（日）	493	13	ネスレ（スイス）	2,920
野村證券（日）	444	14	中国工商銀行（中）	2,870
新日本製鐵（日）	415	15	ウォルマート（米）	2,800
AT&T（米）	381	16	バンク・オブ・アメリカ（米）	2,660
日立製作所（日）	358	17	P&G（米）	2,600
松下電器（日）	357	18	ロイヤル・ダッチ・シェル（英）	2,560
フィリップ・モリス（米）	321	19	ノバルティス（スイス）	2,450
東芝（日）	309	20	ベライゾン・コミュニケーションズ（米）	2,440
		42	（参考）トヨタ自動車（日）	1,910

出所：BusinessWeek「THE BUSINESS WEEK GLOBAL 1000」

出所：PwC「Global Top 100 companies by market capitalisation」

かつて大英帝国が衰退したのは、アメリカに価格競争で敗れたからだ。その後アメリカから日本へ、日本から中国へと「世界の工場」は移っていった。そして現在では、中国よりもっと安くモノをつくれる、カンボジアやベトナムに移っている。必ず今より安いところが現れるということだ。

過去を振り返っても「低価格」だけで長続きした会社などない。たとえば、ファストファッションで時代の寵児になった「フォーエバー21」は、２０１９年９月に経営破綻した。

一方、メルセデス・ベンツやエルメスは高価格だが、長くビジネスを続けている。消費者は家計が苦しいと低価格の商品に走ることもあるが、心の奥底では、高品質の製品を求めているものなのだ。

そして、日本がＩＴ人材の育成にもっと力を入れる必要があることも忘れてはいけない。

ＧＡＦＡやＢＡＴＨが巨大企業になったのは、優秀なエンジニアがいたからだ。ところが、日本のＩＴ人材は、２０２０年に約30・4万人、２０３０年には約44・9万人が不足すると予想されている。

そのためには、**「ＩＴで成功すれば、お金持ちになれる」と若い世代にもっと知らせて、国費を投じてＩＴ人材の育成に注力すべきだろう。**

インドやインドネシアのＩＴ人材の平均年収は、国内全産業の平均年収の10倍近い。ＩＴエンジニアになれば、将来が約束される——そんな高額な報酬が多くの優秀な人材を惹きつけている。アメリカでも20代のＩＴ人材の平均年収が１０００万円を超える一方、日本では４１３万円と大きく見劣りする。これでは国際間の人材獲得競争でも日本は劣勢にならざるを得ない。

こうした状況を改善しようと、日本企業でも優秀なＩＴ人材を高額な報酬で雇用する動きも出てきているようだが、５ＧやＡＩの登場で優秀なＩＴ人材の重要性がますます高まる中、その手を決して緩めてはいけない。

日本ほどクオリティを追求する国はない。その姿勢があったからこそ、戦後の日本の経済成長を可能にしたのだから。たしかに、品質を維持する体力が落ちてきているかもしれない。それでも、あえて繰り返すが、他の国に追随を許さない高いクオリティという自らの強みを捨てることほど愚かなことはない、と私は強く言いたい。

日米のＩＴ人材の年代別の年収分布

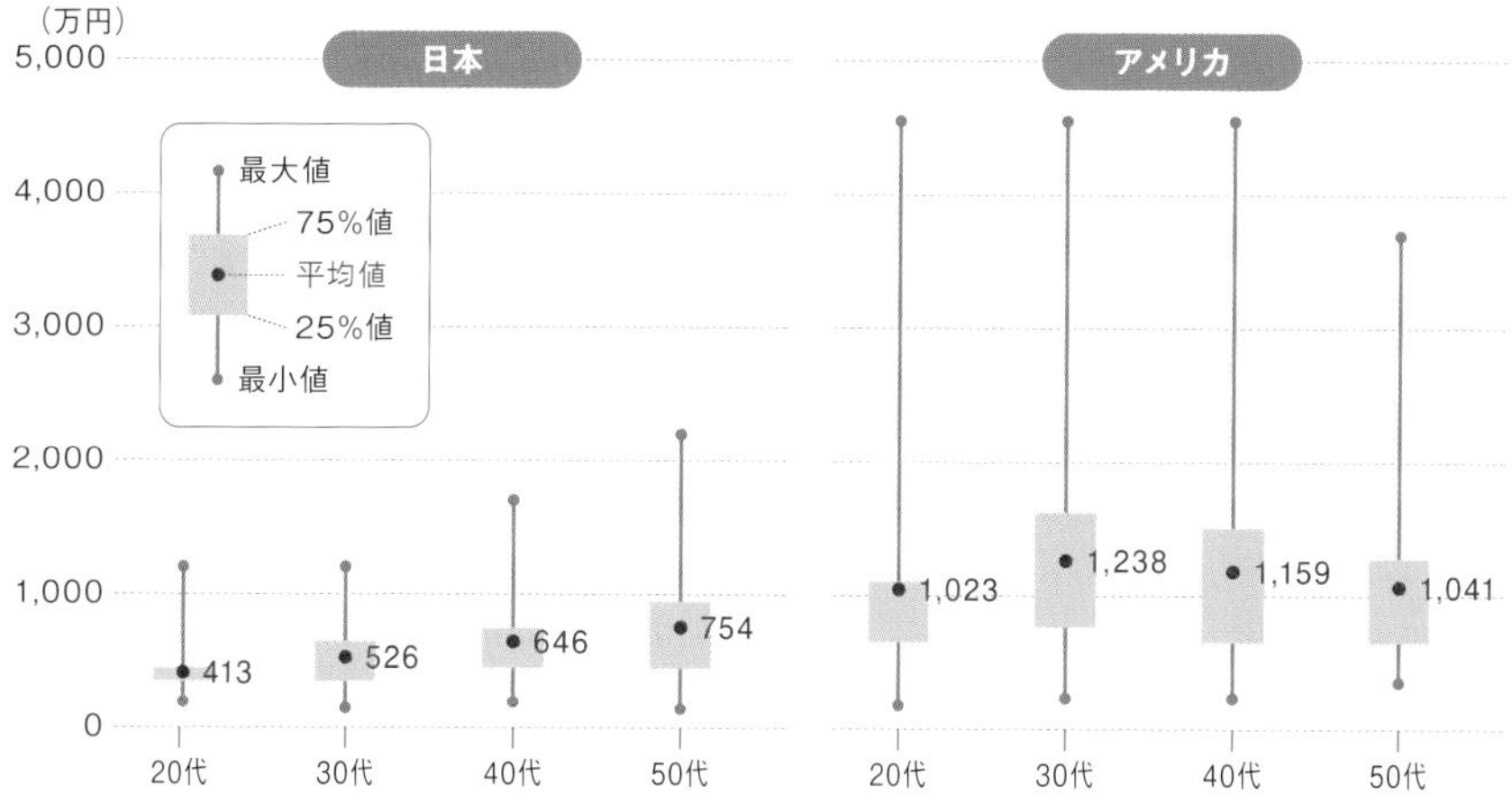

出典：経済産業省「IT人材に関する各国比較調査」（平成28年6月）

日本のIT人材需給の試算

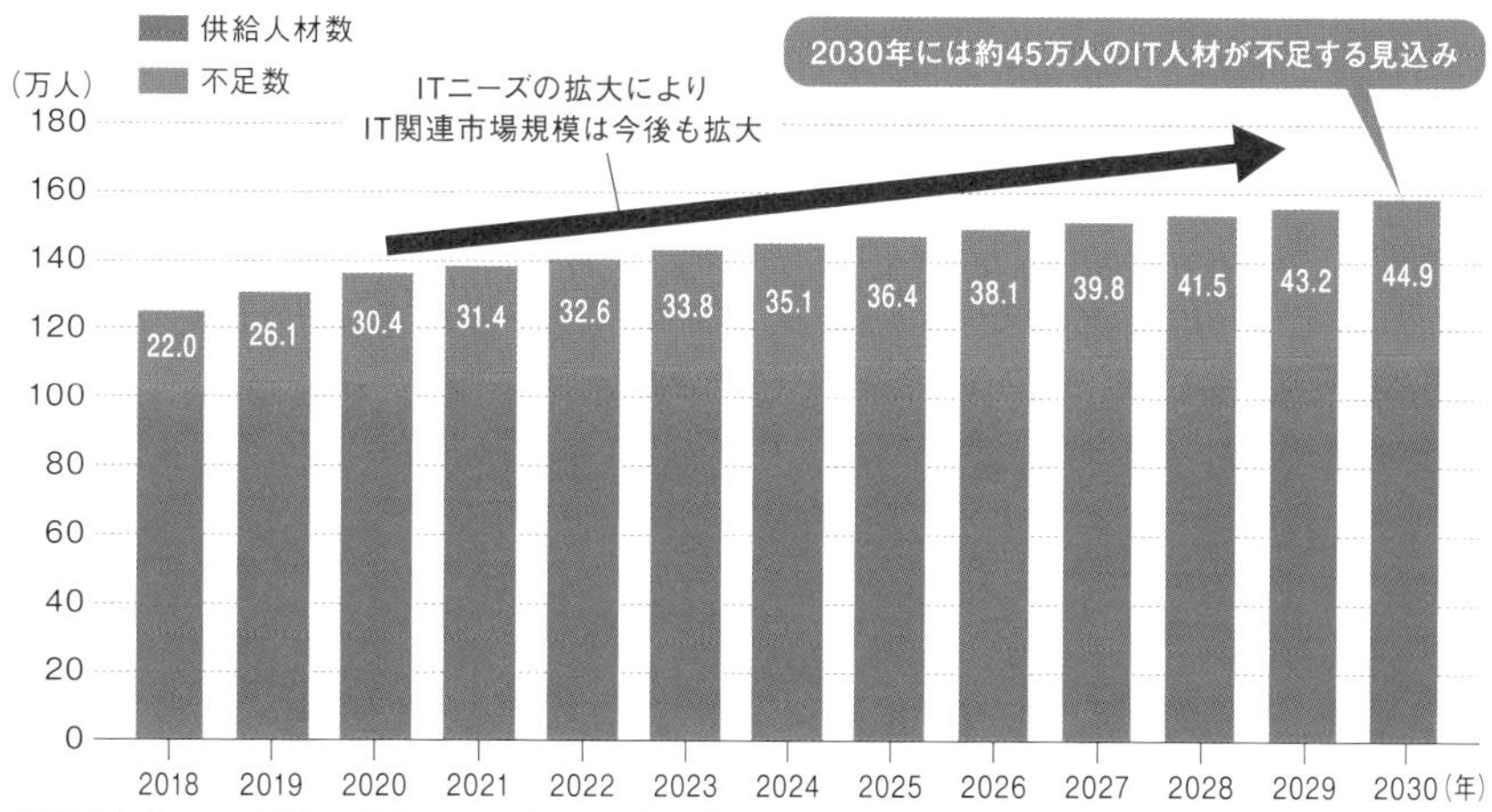

※需要の伸びを2～5%と想定した中位シナリオ　出所：経済産業省「ＩＴ人材需給に関する調査」（平成31年4月）

Advice from Jim Rogers

日本は世界一の品質に誇りを持て！
それを放棄するのは愚かなことだ

⑤ 女性の社会進出を加速せよ

▼優秀な日本人女性を活用できなければ、少子高齢化が進む日本の未来は暗い

日本でも男性の育児参加を促すために、父親の育休取得が認められるようになった。かつての日本から考えれば、隔世の感を禁じ得ないが、日本人男性の育休取得者の割合はわずか6・2%(2018年度)しかない。一方、日本人女性は82・2%が育休を取得しており、現状では、その差はあまりにも大きい。

日本人は周囲に配慮する気質が強い。それゆえに急に行動を変えられないのだろうが、女性の負担が重いのだから、出産に二の足を踏むのも当然だろうと思う。

共働き家庭が増えているのに、女性だけが家事や育児の負担をしている合理的な理由があるのだろうか。

私は毎日、学校に通う娘の送迎をしている。妻のペイジも会員制クラブの会長を務めるなど多忙な日々を過ごしているのだから当然だと思っている。「家のことは女性がやるべき」という日本の古い価値観は完全に時代錯誤だ。

私は日本人女性がいかに素晴らしく、優秀かを知っている。日本の労働人口が減少する中、女性が社会に出ることがより求められるが、日本は従来から女性管理職の割合が世界の先進国に比べて低い。男性が多いのは世界的な傾向ではあるが、日本は先進国のなかでも女性の社会進出が最も進んでいない国のひとつになっている。

日本では女性が「私は女性だから」という理由で、キャリアを諦める傾向がある。子育てによってキャリアを積めない女性が多すぎる。それは会社だけでなく、国全体としても大きな損失だ。

日本人女性の意識は変化しつつあるようなので、女性たちが働きやすい社会構造へと抜本的に変えるべきだろ

男女別の育児休業取得率（2018年度）

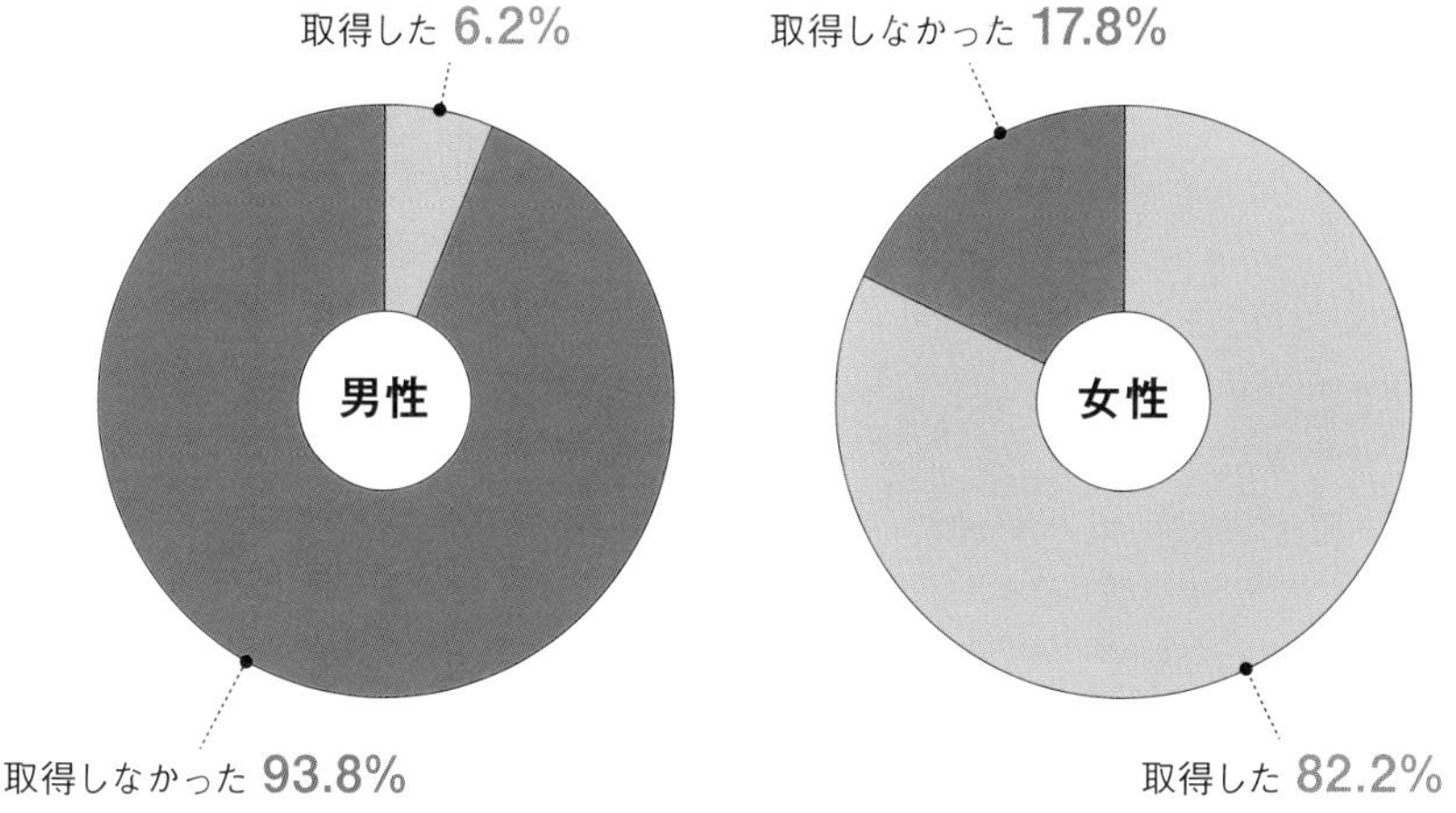

出所：厚生労働省「平成30年度雇用均等基本調査」

主要国の女性管理職比率（2018年）

順位	国名	（%）
1	ジャマイカ	56.19
2	コロンビア	56.11
3	セントビンセント・グレナディーン	54.35
4	フィリピン	52.02
5	バハマ	51.77
28	アメリカ	39.73
47	イギリス	35.93
95	ドイツ	29.24
117	中国	26.89
171	韓国	12.50
173	日本	12.01
	世界計	27.15

世界平均の半分以下
主要先進国で最下位

出所：ILO

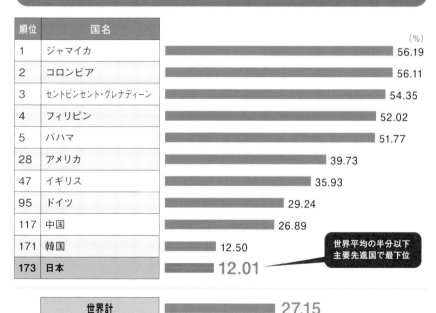

う。それができなければ、社会はより硬直化し、労働力不足はより深刻化する。

先述の通り、中国では、かつて毛沢東が「女性は天の半分を支える」と言ったこともあり、結婚や出産後も女性が働き続けるのは当たり前で、管理職の女性比率も日本より高い。

日本人にとって簡単な話ではないだろうが、ひとつのアイデアとして、女性天皇が誕生すれば女性の地位向上に大きなインパクトがあるのではないかと思う。

日本における女性の社会進出の遅れは、逆に言えば女性が社会進出する余地がまだ大きく残されていることを意味する。労働人口が減る中で、女性が大きな役割を果たせるように変化することは、日本にとっても大きなチャンスになるということだ。

ちなみに、私が暮らした経験があるアメリカやシンガポールでは、産後3ヵ月程度で女性は復職をするのが一般的だ。

一方で、日本は1年以上にわたる長期間の育児休暇が認められているが、これをもって子育て環境に恵まれているとは思わない。復帰しても託児施設やベビーシッターが圧倒的に不足しており、働きたくても働けない人があまりにも多いからだ。

女性が働きに出やすい環境がないかぎり、日本の女性は「育児」と「キャリア」のどちらかを諦めることを強いられる。実際、**働く女性に手厚いサポートがないために、第1子出産後に仕事を辞める人は多いという。**日本政府や企業はこの問題のプライオリティを上げて、なるべく早く解決するためにできることを積極的に行うべきだ。このままではいつまで経っても、日本人女性が育児の負担をひとりで背負い続けることになりかねない。

女性に仕事と家事・育児を完璧にこなすことを求めるのはどう考えてもアンフェアだ。男性も家事や育児に積極的に関与し、夫婦が協力しあうことだ。それがなければ円満な家庭生活は築けないし、女性だけに「諦め」を強要することになる。出産に消極的になっても当然だ。

日本の少子化を本格的に解決するには、「子は宝」という意識を社会に浸透させるとともに、「家のことは女性がやるべき」という古き日本の意識を捨て去る必要がある。そして、日本の女性たちが、日本の政治や社会をうごかす原動力になることを期待したい。

第1子出産前後の女性の就業継続率

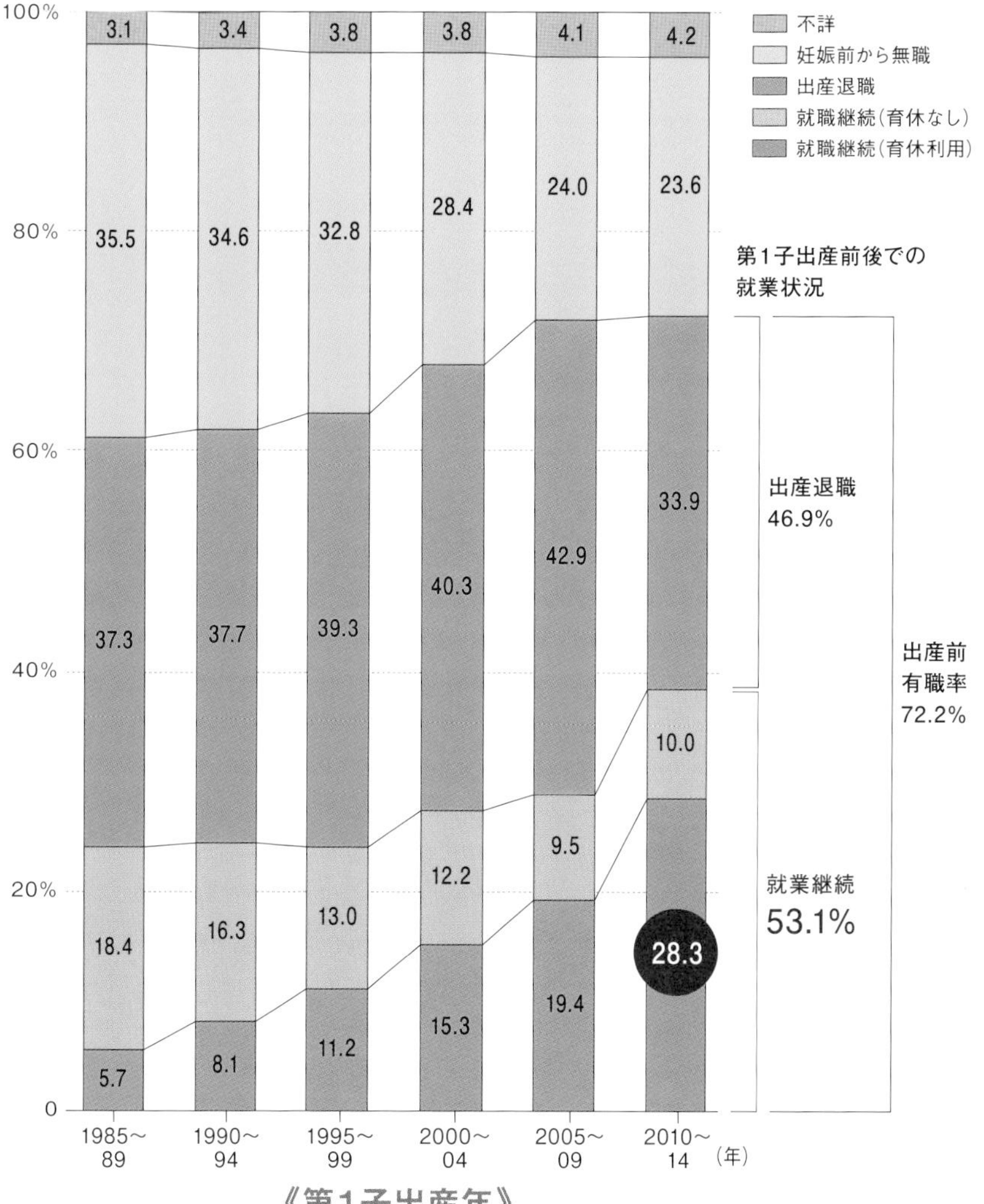

出所：内閣府

Advice from Jim Rogers

従来の価値観は変わりつつあるが、女性たちをもっと活用するべき！

6 老後の不安を解消すべし

▼生活水準は地盤沈下し、貯蓄ができなくなるほど余裕がなくなっている

私はかねて「日本の若者は日本から出ていくべきだ」と言っている。すでに述べたように、財政赤字は増え続け、人口減少にも歯止めがかからない。その特効薬になる移民を受け入れなければ、50年後、日本は消滅するとまで思っているからだ。

かつて、日本の1人当たり名目GDPは、世界トップクラスだった。しかし、2018年には3万3904米ドルで世界26位と大きく順位を下げている。現在、私が住んでいるシンガポールの2000年の1人当たりGDPは2万3853米ドルだったが、2018年には6万4579米ドルと約2・7倍になった。

国全体のGDP総額を見ても、日本はほとんど変わっておらず、ほかの先進国に比べて大きく見劣りする。

日本は確実に貧しくなっているということだ。

今の日本が存続するための選択肢は、①「子どもを増やす」、②「移民を増やす」、③「生活水準を下げる」のいずれかである。現状を見ると、**日本人は、③「生活水準を下げる」を選択しているということだ。**

私は、GDPのほかに、貯蓄率がその国の将来性を測る指標になると考えている。

1970年代の日本は、家計貯蓄率がほぼ20%を超えていた。高齢化が進み、貯蓄を切り崩しながら生活する高齢者が増えているとはいえ、2000年代に入り、**日本の家計貯蓄率は急激に低下している。2014年には0・1%まで落ち込んだ。**借金をしてまで消費を謳歌しているようなイメージが強いアメリカ人よりも、貯蓄好きなイメージが強い日本人のほうが貯蓄率が低いのは意外かもしれない。しかし、日本人は貯蓄する余裕がほと

実質GDP実額上位10ヵ国の2000年との比較

国名	2018年（単位：億ドル）	2000年（単位：億ドル）	2000年→2018年 増加率
アメリカ	195,173	137,504	41.9%
中国	133,761	27,714	382.6%
日本	45,369	39,206	15.7%
ドイツ	35,739	28,306	26.3%
イギリス	30,834	22,488	37.1%
インド	26,581	8,170	225.4%
フランス	25,641	20,457	25.3%
イタリア	19,059	18,414	3.5%
ブラジル	17,809	11,933	49.2%
カナダ	16,507	11,631	41.9%

※2015年価格基準、2015年為替レートベース　出所：国連

家計貯蓄率の推移（1995年〜2018年）

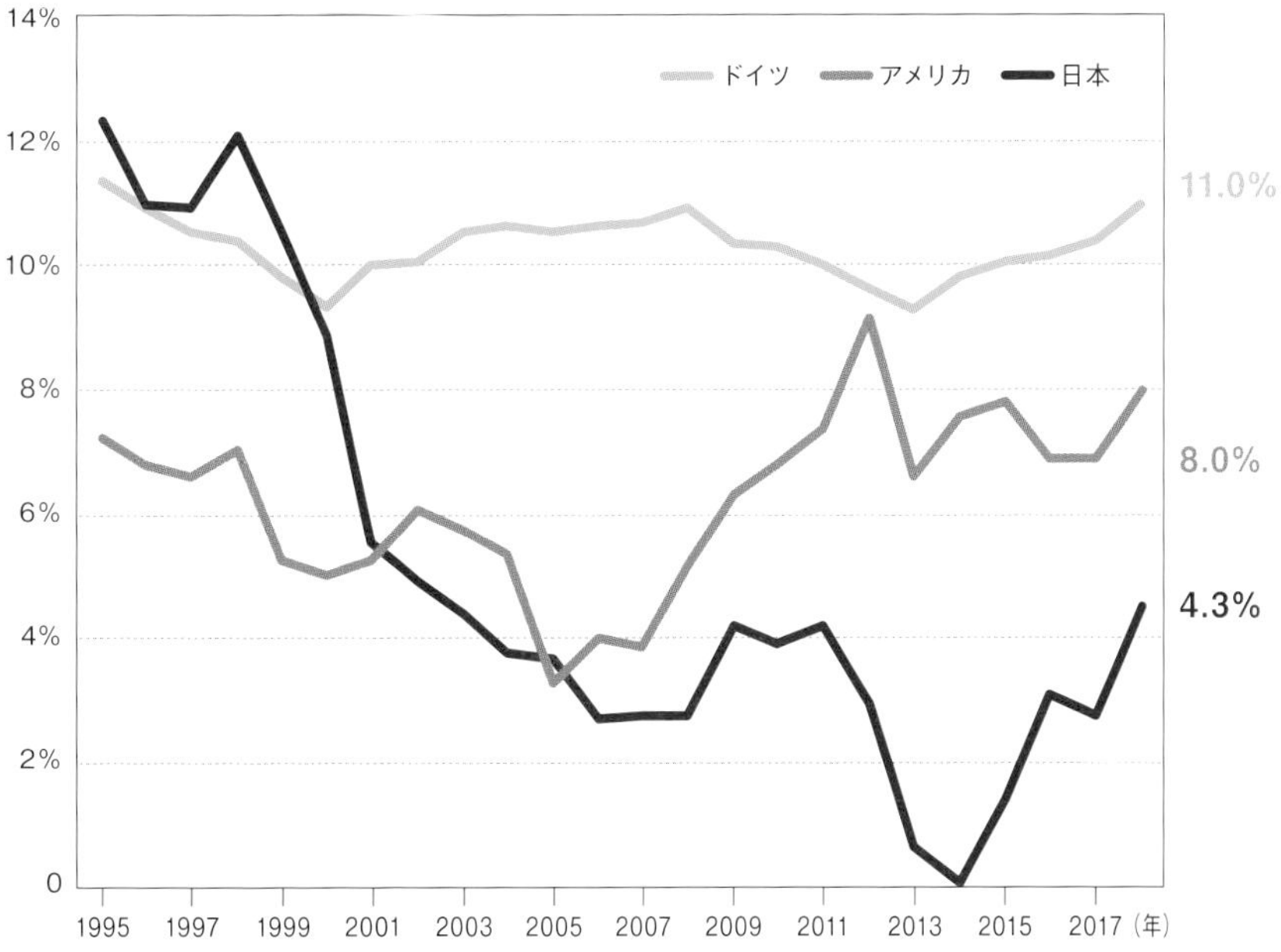

出所：OECD

んどなくなっているのが現実ということだ。

それにもかかわらず、**日本政府は歳出削減をする前に消費税率を8%から10%に引き上げた。これは愚策としかいいようがない。**貯蓄をする余裕がないのに、買い物をするたびにこれまで以上に税金がとられるのだから。こうして余裕がなくなれば、子どもを産もうとする人が増えないのも当然だろう。貯蓄ができなければ、老後に不安を覚え、消費することに消極的になるからだ。

安倍政権の金融緩和による円安誘導政策（通貨切り下げ政策）は、輸出で儲ける大企業の追い風になった。たしかに日本の株価は大きく上昇したが、中長期的視点でみて、こうした通貨切り下げ策が経済成長に寄与したことは歴史を振り返っても一度としてない。

だいたい、アベノミクスによって日本人の生活や暮らしが良くなったと実感している人はどれほどいるだろうか。円安によって日本が輸入に頼っている製品の価格が上昇したことで、庶民の生活費はむしろ上がったのではないだろうか。

円安やお金が株式市場に向かったことで、恩恵を受けることができたのは、一部のトレーダーと、輸出で稼いでいる大企業だけだ。日本銀行が紙幣を刷りまくり余ったお金が行き場を探して株式市場に流れ込んでいるだけの、うわべだけの好景気ということだ。

日本はG7の中でも、世帯所得がその国の等価可処分所得の中央値の半分に満たない人々の割合、いわゆる「相対的貧困率」がアメリカに次いで2番目に高い。国連が毎年発表している「世界幸福度ランキング」の2020年版では、日本は2019年の58位から4つ順位を落として62位になっている。これらの指標はひとつの尺度でしかないが、余裕がなく、幸福度が低ければ、「子どもを増やす」ことなど到底かなわない。新型コロナウイルスの影響で景況感も急激に悪化している。これは全世界的なことではあるが、先行きの不安が大きくなれば、その傾向に拍車がかかるのは間違いない。それなら「移民を増やす」しかないはずなのに、それにも消極的だ。

とはいえ、ほとんどの日本人は「生活水準を下げる」という道を進みたいとも思っていないはずだ。私からみれば、今の日本は自ら破滅の道を選んで疾走しているとしか思えない。今からでも遅くない。歳出削減、減税を実行して日本人の活力を高めるべきだ。

1年前と比べて、今の景気はどう変わったか

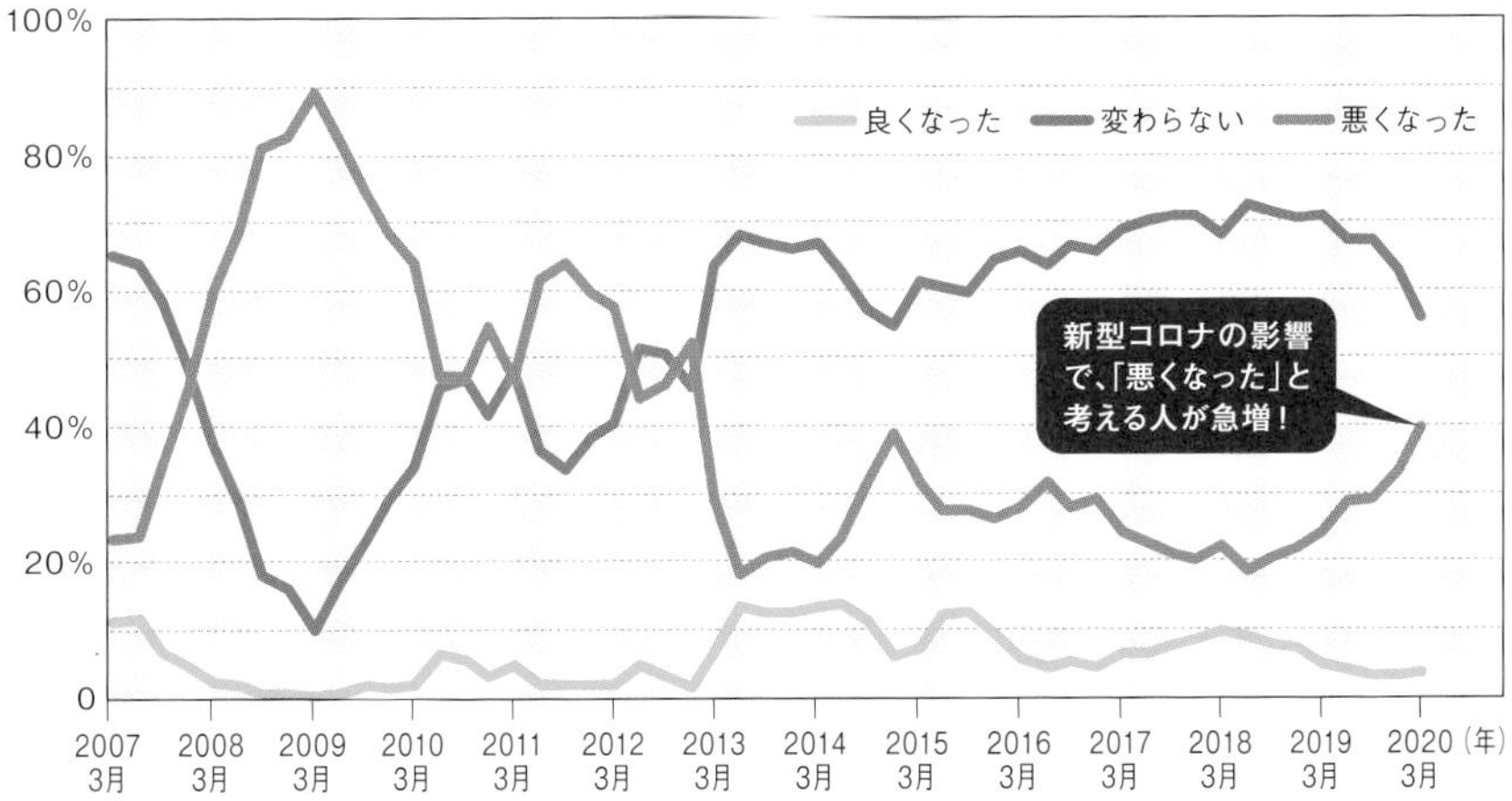

出所：日本銀行「生活意識に関するアンケート調査」

主要国の相対的貧困率(2017年)

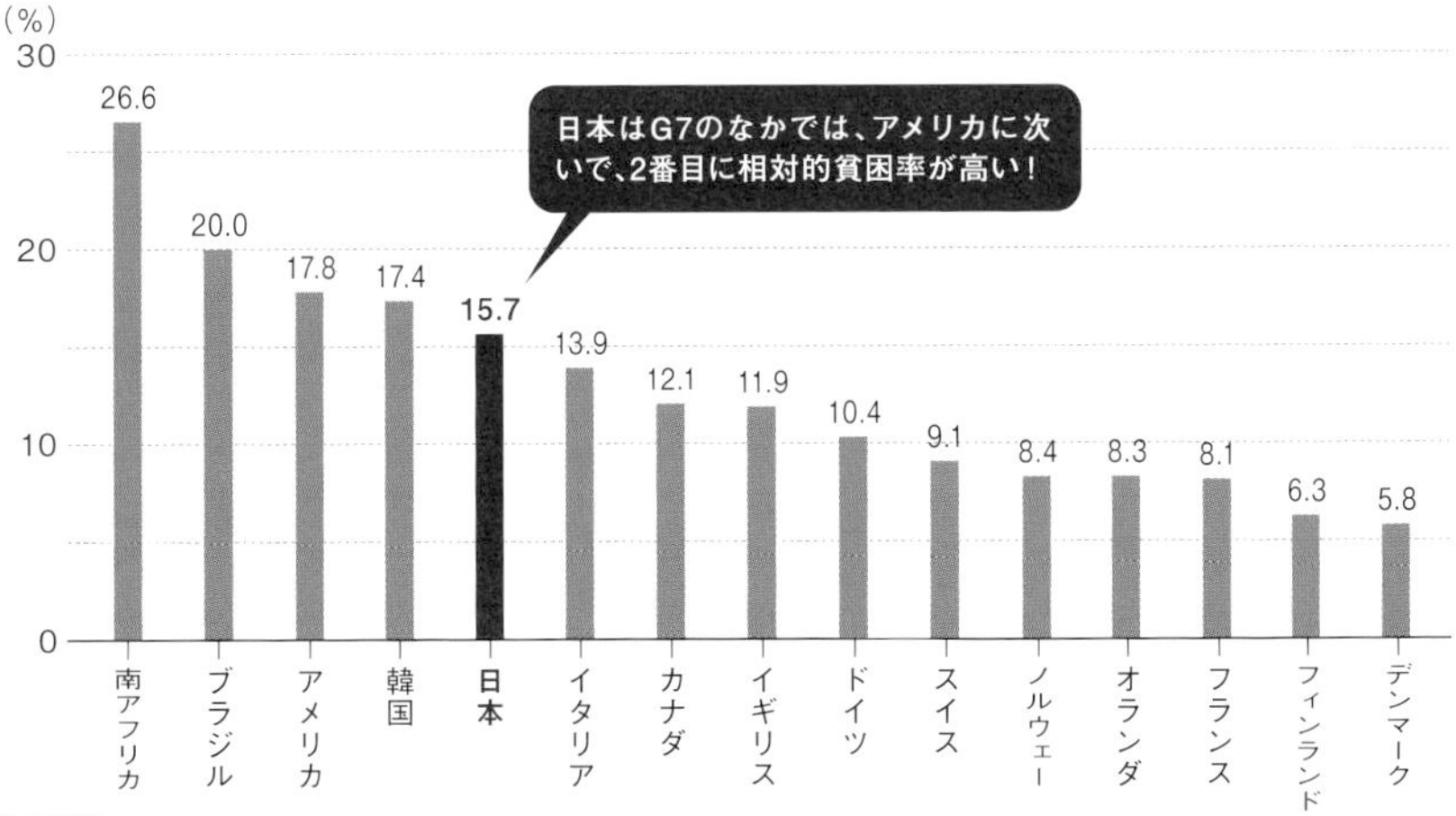

出所：OECD

Advice from Jim Rogers

消費増税は日本の活力を失わせる愚策。日本政府は歳出削減、減税を実行するべき

７「移民」の受け入れに消極的すぎる

▼外国人に対して門戸を開いたときに、日本が大きく変わった過去を思い出せ

鎖国する国は貧しく、開放した国は豊かになる――歴史を振り返ればわかることだ。かつて東南アジア有数の大国だったビルマ（現ミャンマー）は、１９６２年の軍事クーデターを機に鎖国すると、転落の一途をたどった。一方、**アメリカやシンガポールは積極的に移民を受け入れて豊かになった**。世界を席巻するＧＡＦＡは、いずれも移民をルーツにする若者が創業した。私が暮らすシンガポールも移民国家だ。

しかし、日本は人口減少が加速しているのに、「移民が増えると治安が悪化する」と本格的な受け入れを拒んでいる。２０２５年ごろに団塊世代が後期高齢者（75歳以上）になり、団塊ジュニア世代も50代になる。そのころには介護が必要な高齢者は今より増え、介護や家事を移民に頼らざるを得ないことが目に見えているのに……。

労働力だけの問題ではない。人口が減れば、国内需要がしぼむ。**移民は国内市場縮小を防ぐという点からも重要になってくることを忘れてはいけない。**

まず、日本人の移民アレルギーをなくすことが必要だ。だいたいどこの国でもそうだが、移民が犯罪を犯すと、「移民を受け入れたから社会が不安定になった」という議論が出てくる。たとえ、移民の犯罪率が自国民の犯罪率よりも低かったとしてもだ。

日本で日本人が犯罪を犯しても「日本人だからだ」という人はいない。これはどこの国にでもあることだが、外国人が犯罪を犯すと、ことさら「外国人」であることを強調するものだ。

実際、日本ではここ数年で急激にインバウンドが増え

国別移民受け入れ数(2019年)

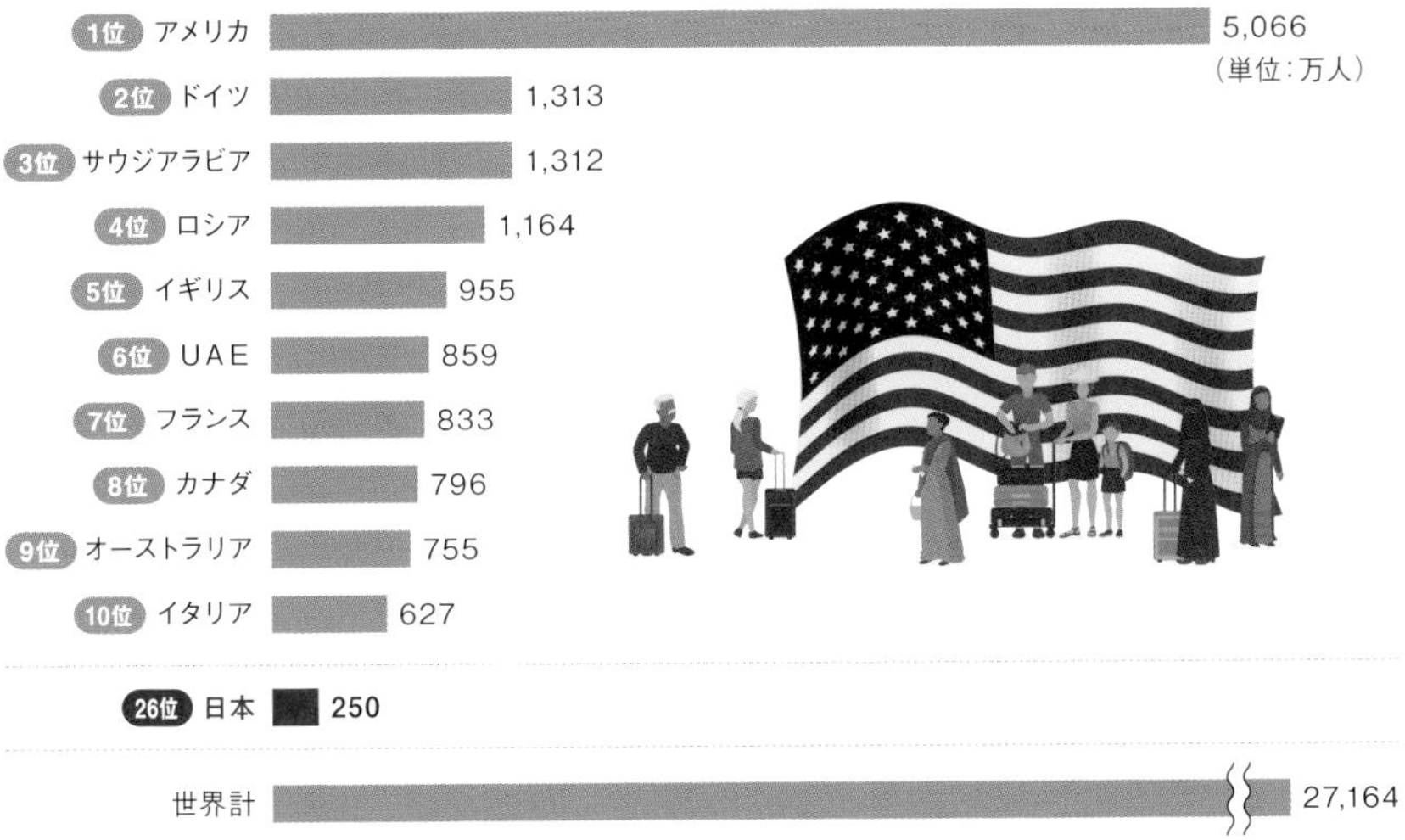

出所:国連「国際移民ストック2019」

在留外国人数の推移(各年末、2019年のみ6月末時点)

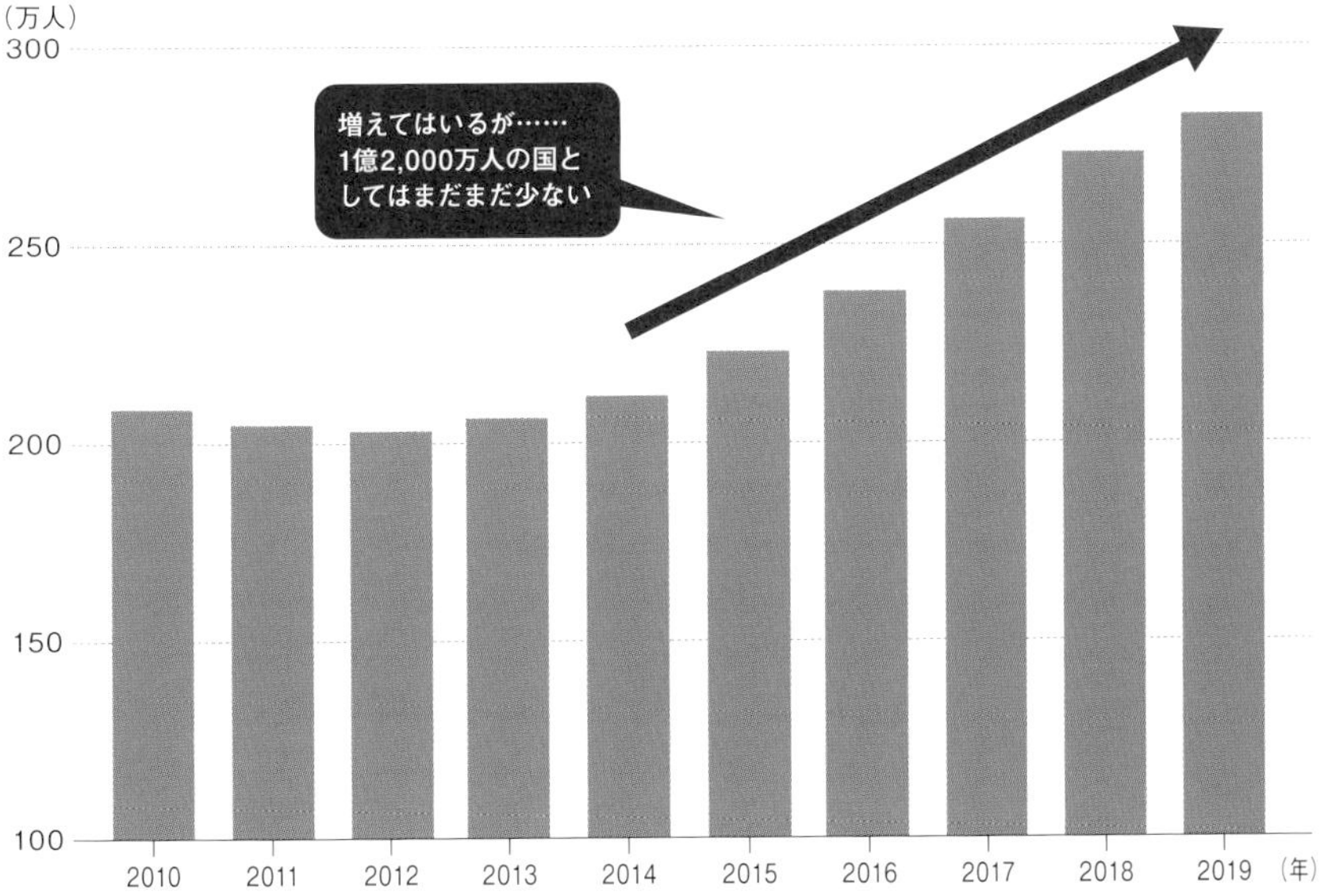

出所:出入国在留管理庁

たが、日本における外国人犯罪件数は増えているのだろうか。次ページにその統計を掲載しているが、あなたたちも印象は逆になっているのではないだろうか。

歴史を振り返ってみても、移民は子どもを積極的につくる。日本が受け入れれば、少子化の解消に大いに貢献してくれるはずだ。日本人女性が出産に消極的なのだから大きなプラスになる。

２０１９年4月に「特定技能」という在留資格を創設して、5年間で最大34万５０００人を受け入れることになったのはいい意味の驚きだったが、人口減少が進む1億人を超える国にしてはまだ少なすぎる。**移民を「仕事を奪う存在」と警戒するのではなく、新たな雇用を生み、多様性をもたらす存在として前向きに捉えることだ。**

アメリカでは、移民のもたらす多様性がＧＡＦＡを生んだ。アップルの創業者スティーブ・ジョブズの父はシリア人だし、グーグルの創業者のひとりセルゲイ・ブリンは、旧ソ連で生まれたユダヤ系アメリカ人だ。

とはいえ、移民の受け入れには節度も必要だ。シンガポールは移民で成り立つ多民族国家で、多様性に寛容な国民性だが、２０００年代に労働力不足を補うべく移民を急激に増やしたことで、あちこちにひずみが出た。

２００6年から２０１１年にかけてシンガポール人は、約5％しか増えなかったのに対し、外国人は63％も増えた。２０１3年には人口に占める外国人比率が約43％になったことで、住宅価格の高騰や交通渋滞の激化などの悪影響も出てきた。自国民と移民による雇用の奪い合いも起こり、自国民の不満の声が高まった。

結果、２０１１年の総選挙では１９６5年の独立以来、シンガポールで事実上の一党支配をしている人民行動党の支持率が過去最低になったほどだ。その後は、自国民に配慮する姿勢を鮮明にして、外国人の流入抑止に舵を切った。

今後、日本が本格的に外国人労働力を受け入れる時、シンガポールのケースは非常に参考になるだろう。

人口減少に対しては、「移民に対する開国」以外に特効薬はない。過去を振り返ってみてほしい。**日本は明治時代や終戦後、外国人に対して門戸を開いてきた。それによって日本文化が破壊されただろうか。そんなことはないはずだ。**むしろ、日本にとって得ることが多かったではないか。

外国人による刑法犯の検挙人数の推移

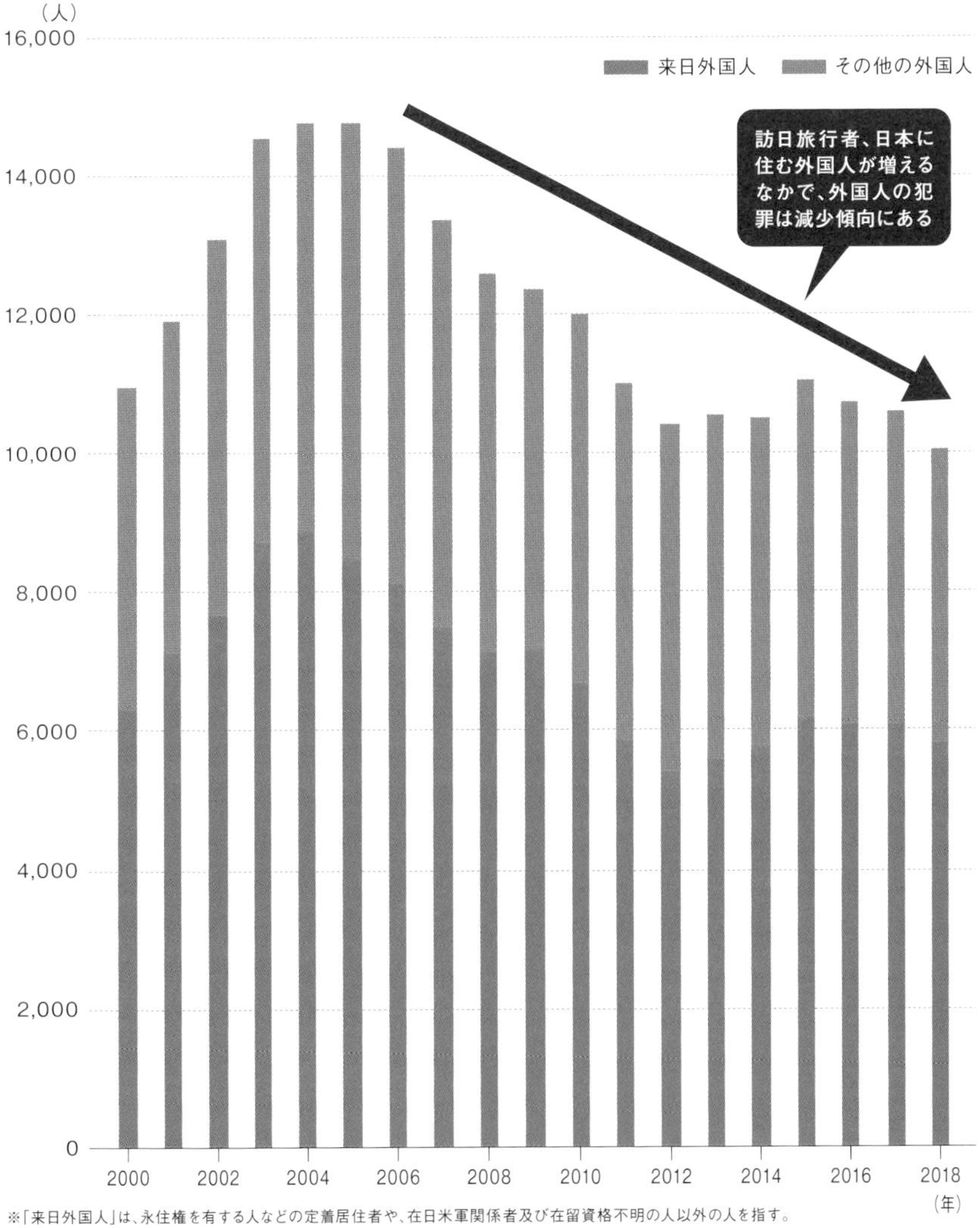

※「来日外国人」は、永住権を有する人などの定着居住者や、在日米軍関係者及び在留資格不明の人以外の人を指す。
出所:法務省「令和元年版 犯罪白書」

Advice from Jim Rogers

人口減少が確実なのだから、
早急に移民を本格的に受け入れるべき

いますぐ取り組むべき日本の課題

脱出先として有望なアジアの3カ国

▼内向きの日本人は、もっと海外に目を向けるべき

日本は素晴らしい国だが、日本人は問題を抱える日本を脱出すべきかもしれない。

しかし、日本人は内向き志向だ。ビザなしで入国できる国の数が191ヵ国と世界最強なのに、2019年末時点の国内在住日本人のパスポート保有率はわずか23・7%だ。アメリカは4割以上、イギリスにいたっては4人に3人は持っている。パスポートを持っていない人は、まずパスポートの申請に行き、短期でもいいから海外を経験するべきだろう。

私は日本が好きだから、日本人が中国語を話せたら日本に住みたいぐらいだが、子どもには中国語を話せるようになってほしかったのでシンガポールに移住した。中国にしなかったのは、空気も水も食べ物も汚染されており衛生上の問題があると思ったからだ。

21世紀はアジアの時代になる。日本人にとって比較的文化が近いアジアに脱出するのが現実的ではないだろうか。最終的にはあなた自身で決めることだが、その点を考慮すると、私なら韓国、中国、ベトナムが候補になる。

中国は今後、リセッションによって経済状況が悪化しても、他国ほどは悪い状況には陥らないだろう。

韓国は38度線がオープンしたら、朝鮮半島をヒト、モノ、資本が自由に移動するようになり、70年以上もひどい状態だった北朝鮮に大きなチャンスが生まれる。

人口が多く、中国と国境を接し、労働力もモノも安く、自然資源も豊富なベトナムも悪くない。教育を受けた勤勉な人が多いのは強みだ。

朝鮮半島もベトナムも、中国と国境を接している。この点は両国にとってのアドバンテージになる。

世界のパスポートランキング（2020年4月7日現在）

順位	国名	国・地域
1	日本	191
2	シンガポール	190
3	韓国、ドイツ	189
4	イタリア、フィンランド、スペイン、ルクセンブルク	188
5	オーストリア、デンマーク	187
6	スウェーデン、フランス、ポルトガル、オランダ、アイルランド	186
7	スイス、アメリカ、イギリス、ノルウェー、ベルギー	185
8	ニュージーランド、マルタ、チェコ、ギリシャ	184
9	カナダ、オーストラリア	183
10	ハンガリー	182

日本はビザなしで入国できる国・地域数が世界一だが……

出所：Henley & Partners「The Henley Passport Index」

日本人に合った今後有望な移住先

	韓国	中国	ベトナム
人口	5,163万人（2018年中位推計）	13億9,273万人（2018年中位推計）	9,554万人（2018年中位推計）
実質GDP成長率（IMF、2018年）	2.03%	6.11%	7.02%
1人当たりの名目GDP（IMF、2018年）	3万3,320ドル	9,580ドル	2,551ドル
強み	・朝鮮半島が統一すれば、北朝鮮が成長市場に ・高い製造能力を有している	・日米欧よりも経済状態が悪くない ・若い世代が日本文化を好んでいる	・労働力もモノも安い ・自然資源が豊富 ・教育を受けた人が多い ・勤勉な人が多い
弱み	・北朝鮮とは、依然、休戦状態のまま ・強い反日感情が残っている	・負債が急増している ・強い反日感情が残っている	・資本が不足している ・製造能力が高くない

海外に移住することが無理なら、短期でも海外を経験しよう！

おわりに

この本の制作を始めた2020年2月から、状況は大きく変わってしまった。新型コロナウイルスの感染が拡大し、市況が著しく悪化したからだ。2009年の新型インフルエンザ（A／H1N1）も世界的に流行したが、国境が封鎖されることはなかった。マクドナルドが閉まり、エアラインが止まることもなかった。

しかし、今回のコロナのパンデミックは違った。国境は封鎖され、ヒトとモノの流れは止まった。2月の時点で私は「次に大きな問題が起きたら、それまで抱えてきた負債のために人生最悪の状況になるだろう」と言っていたが、正直にいえば、ここまで経済が急速に悪化するとは思っていなかった。

アメリカも日本も他の国々も、2008年以降、たえず負債を増やしてきたが、世界史上最大の負債国であるアメリカは、トリリオン（兆）単位の負債が増え、日本やその他の国々も大きな負債を抱えた。なかでも、2020年11月3日に大統領選挙を控えているアメリカは、クレイジーに金を使っている。日本もイギリスも香港もクレイジーに使っている。

コロナのパンデミックによって、各国が財政出動して負債をどんどん膨らませていることは、これから世界中でさらなる問題の誘因となるはずだ。私は2月時点よりも強く未来を懸念している。この状況は、我々や若者、子どもたちにとってはいいはずがない。

2020年5月現在、すでにリセッション入りしたことは疑う余地がない。すでに2008年より悪い状況だ。これまでの経済問題は1～2年で収束したが、これまで抱えてきた負債のために深刻なものになるだろう。その前の負債がなかったら、コロナはここまで恐ろしい影響を与えなかったはずだが、そうではなくなってしまった。私の人生で最悪の状況になってしまったのだ。

それにもかかわらず、アメリカは選挙のことしか頭になく、この状況を気にしていない。来年や再来年のことや、市民のことなど気にかけていない。非常に多くのお札が印刷され、非常に多くの予算が使われているため、2020年5月時点の市場はまだハッピーな状況だ。お金は行き場を求めるものだが、それが市場に流れ込んでいるからである。

一方で、世界中で倒産は起きている。すでに、ニーマン・マーカスやJCペニーなどの百貨店、高級食料品チェーン「ディーン&デルーカ」など、日本でも知られている企業が倒産した。今後も多くの企業が倒産するだろう。

それだけにとどまらない。新興国にも経済破綻するところが出てくる。多くの新興国は莫大なお金を借りているからだ。この10～15年、金利が非常に低く、簡単にお金を借りることができたために、多くの人々が負債を増やした。長期的に見れば、これはいいことではない。非常に懸念している。

今回のリセッションは、2021年になっても収束しないだろう。長期間にわたって続くということだ。

ジム・ロジャーズ邸に入ると、たくさんの地球儀、世界地図がある。応接室にある大きな地球儀で「日本」を指さすロジャーズ氏。

それでも、私たちは賢く生き抜いていかなければならない。本書でも述べたように、そのときに「歴史」と「哲学」は、生き抜くための知恵を私たちに与えてくれる。

歴史は人間が同じことを繰り返すことを教えてくれる。

人類は何度もバブルを経験しているのに、バブルのたびに「今回のバブルは前とは違う」といって痛い目に遭っている。時代が変わっても人の本質は変わらない。歴史から得られる大きな教訓——それは、「人は教訓を学ばない」ということだ。

かつて、世界の覇権を握っていたイギリスは負債を抱え始め、子どもや孫たちは怠け始めた。そこにアメリカが現れて、イギリスからアメリカに覇権は移行した。イギリスが負債を増やし、一生懸命働かなくなっていた100年前、アメリカは一生懸命働き、お金を貯めていた。当時は負債はなかった。しかし、今のアメリカは世界史上最大の途方もない負債を抱える国になってしまった。

1900年にそうだったことは、1910年にそうではなくなり、2020年にそうだったことは2030年にはそうではなくなる。世界は常に移り変わっていくということだ。

日本はどうだろうか。

貧しい国だった日本は、第二次世界大戦後、高度経済成長を成し遂げて成功した。ところが成功を経験すると、勤勉に働かない人々も増えた。日本はお金を貯めなくなり、お金を借りるようになった。以前のようにリッチでもなくなった。これはよく起きる現象だ。祖父母が成功者でも孫たちがあまり成功しないということはよくあるが、それと同じだ。

日本は素晴らしい国だが、昔とは違うことを日本人は受け入れる必要があるのではないだろうか。祖父母の世代は一生懸命働いたからこそ、リッチになったが、孫世代は一生懸命働くという当たり前のプロセスを省いて、モノをたやすく得ようとしていないだろうか。

その姿勢が国を衰退させる理由のひとつだ。

中国も非常に成功したために、１９８０年代の日本と似たような変化が起きている。かつてのように全員が一生懸命働くという感じではなくなり、お金を以前ほど貯めなくなる傾向がみられる。若い世代では一生懸命働かない人が増えている。

今は多くの国で、人が働かなくなっている。そのため、「ニュー・ジャパン」、「ニュー・チャイナ」のような国を見つけるのは難しい。

変化は常に起きている。これからもさまざまな変化が起きる。だから、私たちは新しい変化に適応しなくてはならない。そのときのヒントは、未来ではなく過去にある。

たとえば、貿易戦争はいい結果をもたらしたことがない。歴史はそれを証明している。ところが、トランプ大統領は貿易戦争を引き起こしている。トランプ大統領は歴史より自分のほうが賢いと思っているのかもしれないが、私は歴史の声に謙虚に耳を傾けるべきだと思っている。

哲学も我々に考え方を教えてくれる。ときには奇妙なアイデアを導いてもくれる。人はそれをクレイジーというかもしれない。哲学者はクレイジーでも、物事の考え方を教えてくれる。たとえ、クレイジーであったとしても、私たちはクレイジーと決めつけるのではなく、「なぜクレイジーなのか」を考える必要がある。哲学者はクレイジーな理由を教えてくれるのだ。

いい投資家になるために重要なのは、成功する可能性がある「新しいもの」を見つけることだ。

たとえば、今ならＡＩ（人工知能）のように、完全に世界をチェンジする可能性があるものに注目したい。その分野から投資に適切な企業を見つけ、その企業がスマートな経営をしているか、その企業の人たちが企業がやろうとしていることを理解しているか、経営者が誠実でお金をあまり使いすぎていないか、経営者が優れているか、たくさんの負債を抱えていないかを知ることだ。さらに、その企業の所在国の政府がポジティブで、企業を支援しているかといったことまで見極めれば、お金を得られる可能性が高まる。

もちろん、そういった企業を見つけるのは容易ではない。簡単に投資のヒントを得ようと考えてはいけない。自分が理解できるまで情報を収集しデータを読み解き、自信を持って決断できるまで考え抜くことだ。他人の意見を聞いてはいけない。自分で考え、自分の決断に基づいて行動すること。本書の中で述べたように、私も人に頼って失敗して後悔したことがある。人に頼って結果的に成功しても、それは自分自身にとっての真の成功法則にはならない。

白分自身で考え、決断して、行動した結果、つかみ取った成功であれば、それは血となり骨となる。それが自身の成功法則として磨かれていくはずだ。

いま、私たちは厳しい時代の中にいる。そうだからこそ、本書があなたの明るい未来を築くことに少しでも役立てば、これほどうれしいことはない。

早く新型コロナウイルスが終息し、日本で大好きなウナギを食べられる状況になることを、遠くシンガポールの地で祈りながら。

ジム・ロジャーズ